박문각

기출로 합격까지

이혁
기출문제

부동산세법 2차

박문각 공인중개사

브랜드만족
1위
박문각

2025

이 책의 차례

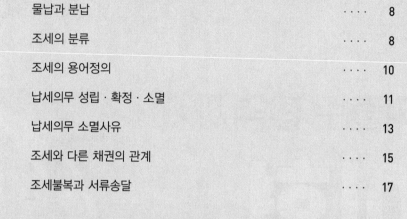

CHAPTER 03

등록면허세

CHAPTER 04

재산세

CONTENTS

이 책의 차례

정답 및
해설

부 록

박문각 공인중개사

조세총론

핵심기출문제 | **물납과 분납**

01 부동산에 관련된 조세 중 물납을 허용하고 있는 것으로 옳은 것은?　　제17회

① 취득세　　　　　　　　　　② 증여세

③ 재산세　　　　　　　　　　④ 양도소득세

⑤ 종합부동산세

02 조세의 납부방법으로 물납 및 분할납부가 둘 다 가능한 것을 모두 고른 것은? (단, 물납과 분할납부의 법정 요건은 전부 충족한 것으로 가정함)

> ㉠ 부동산임대업에서 발생한 사업소득에 대한 종합소득세
> ㉡ 재산세 도시지역분
> ㉢ 취득세
> ㉣ 종합부동산세
> ㉤ 소방분에 대한 지역자원시설세

① ㉠, ㉡　　　　　　　② ㉠, ㉢　　　　　　　③ ㉡, ㉢

④ ㉡　　　　　　　　　⑤ ㉠, ㉣

핵심기출문제 | **조세의 분류**

01 지방세기본법상 특별시세 세목이 아닌 것은?　　제26회

① 주민세　　　　　　　　　　② 취득세

③ 지방소비세　　　　　　　　④ 지방교육세

⑤ 등록면허세

Answer　　01. ③　　02. ④　　/　01. ⑤

02 2025년 4월 중 부동산을 취득하는 경우, 취득단계에서 부담할 수 있는 세금을 모두 고른 것은? 제25회

> ㉠ 재산세　　　　　　　　㉡ 농어촌특별세
> ㉢ 종합부동산세　　　　　㉣ 지방교육세
> ㉤ 인지세

① ㉠, ㉡, ㉢　　　　　　　　② ㉠, ㉡, ㉤
③ ㉠, ㉢, ㉣　　　　　　　　④ ㉡, ㉣, ㉤
⑤ ㉢, ㉣, ㉤

03 국내 소재 부동산의 보유단계에서 부담할 수 있는 세목은 모두 몇 개인가? 제30회

> ㉠ 농어촌특별세　　　　　　㉡ 지방교육세
> ㉢ 개인지방소득세　　　　　㉣ 소방분에 대한 지역자원시설세

① 0개　　　　　　② 1개　　　　　　③ 2개
④ 3개　　　　　　⑤ 4개

04 부동산을 양도할 경우 양도자의 입장에서 납부하는 조세에 해당될 수 없는 것은? 제15회

① 양도소득세　　　　　　② 종합소득세
③ 지방소득세　　　　　　④ 취득세
⑤ 농어촌특별세

05 부동산의 보유단계에서 과세되는 국세로서 옳은 것은? 제17회

① 재산세　　　　　　② 종합부동산세
③ 등록면허세　　　　④ 양도소득세
⑤ 취득세

Answer　　02. ④　　03. ⑤　　04. ④　　05. ②

06 부동산 보유시 부과될 수 있는 조세와 그에 대한 부가세가 옳게 연결된 것은?   제20회

① 재산세 - 지방교육세
② 종합소득세 - 지방소득세
③ 종합부동산세 - 지방교육세
④ 재산세 - 소방분 지역자원시설세
⑤ 등록면허세 - 지방교육세

핵심기출문제 | **조세의 용어정의**

01 지방세기본법상 가산세에 관한 내용으로 옳은 것은?   제27회

① 무신고가산세(사기나 그 밖의 부정한 행위로 인하지 않은 경우) : 납부세액의 100분의 20에 상당하는 금액
② 무신고가산세(사기나 그 밖의 부정한 행위로 인한 경우) : 납부세액의 100분의 50에 상당하는 금액
③ 과소신고가산세(사기나 그 밖의 부정한 행위로 인하지 않은 경우) : 과소신고분 세액의 100분의 20에 상당하는 금액
④ 과소신고가산세(사기나 그 밖의 부정한 행위로 인한 경우) : 과소신고분 세액의 100분의 50에 상당하는 금액
⑤ 납부지연가산세 : 납부하지 아니한 세액의 100분의 20에 상당하는 금액

02 지방세기본법 및 지방세법상 용어의 정의에 관한 설명으로 틀린 것은?   제31회

① "보통징수"란 지방세를 징수할 때 편의상 징수할 여건이 좋은 자로 하여금 징수하게 하고 그 징수한 세금을 납부하게 하는 것을 말한다.
② 취득세에서 사용하는 용어 중 "부동산"이란 토지 및 건축물을 말한다
③ "세무공무원"이란 지방자치단체의 장 또는 지방세의 부과·징수 등에 관한 사무를 위임받은 공무원을 말한다.
④ "납세자"란 납세의무자(연대납세의무자와 제2차 납세의무자 및 보증인 포함)와 특별징수의무자를 말한다.
⑤ "지방자치단체의 징수금"이란 지방세 및 체납처분비를 말한다.

Answer   06. ① / 01. ① 02. ①

핵심기출문제 | 납세의무 성립·확정·소멸

01 국세 및 지방세의 납세의무와 성립시기에 관한 내용으로 옳은 것은? (단, 특별징수 및 수시부과와 무관함) 제29회

① 사업소분 주민세: 매년 7월 1일
② 거주자의 양도소득에 대한 지방소득세: 매년 3월 1일
③ 재산세에 부가되는 지방교육세: 매년 12월 31일
④ 중간예납하는 소득세: 매년 12월 31일
⑤ 자동차 소유에 대한 자동차세: 납기가 있는 달의 10일

02 납세의무의 성립시기로 옳은 것으로만 묶인 것은? 제20회

> ㉠ 소득세: 소득을 지급하는 때
> ㉡ 농어촌특별세: 과세기간이 끝나는 때
> ㉢ 재산세: 과세기준일
> ㉣ 지방교육세: 그 과세표준이 되는 세목의 납세의무가 성립하는 때
> ㉤ 수시부과에 의하여 징수하는 재산세: 수시부과할 사유가 발생하는 때

① ㉠, ㉡
② ㉠, ㉡, ㉣
③ ㉡, ㉣, ㉤
④ ㉢, ㉣, ㉤
⑤ ㉠, ㉡, ㉢, ㉤

03 납세의무 성립시기에 관한 설명 중 틀린 것은? 제18회

① 재산세: 과세기준일
② 취득세: 과세물건을 취득하는 때
③ 등록에 대한 등록면허세: 재산권 그 밖의 권리를 등기하거나 등록하는 때
④ 소득세: 소득을 지급하는 때
⑤ 종합부동산세: 재산세의 과세기준일

Answer | 01. ① 02. ④ 03. ④

04 원칙적으로 과세관청의 결정에 의하여 납세의무가 확정되는 지방세를 모두 고른 것은? 제24회

㉠ 취득세	㉡ 종합부동산세
㉢ 재산세	㉣ 양도소득세

① ㉠   ② ㉡   ③ ㉢
④ ㉡, ㉢   ⑤ ㉢, ㉣

05 원칙적으로 납세의무자가 과세표준과 세액을 과세관청에 신고하는 때 납세의무가 확정되는 세목만으로 묶은 것은? 제16회

① 재산세, 종합부동산세
② 재산세
③ 종합부동산세, 양도소득세
④ 등록에 대한 등록면허세, 양도소득세
⑤ 종합부동산세

06 과세표준과 세액을 정부가 결정하는 때 세액이 확정됨이 원칙이나 납세의무자가 법정신고기간 내 이를 신고하는 때에는 정부의 결정은 없었던 것으로 보는 것으로 옳은 것은? 제21회

① 종합부동산세   ② 양도소득세
③ 등록에 대한 등록면허세   ④ 취득세
⑤ 재산세

07 납세의무의 성립·확정시기에 대한 설명으로 옳은 것은? 제15회

① 인지세는 과세문서를 작성하는 때 납세의무가 성립과 동시에 확정되는 조세이다.

② 소득세는 소득이 발생하는 때에 납세의무가 성립하고, 납세의무자가 과세표준과 세액을 정부에 신고하는 때에 확정된다.

③ 취득세는 취득일로부터 60일이 경과하는 때 납세의무가 성립하고, 과세권자가 결정하는 때 납세의무가 확정되는 조세이다.

④ 등록면허세는 재산권 등을 등기 또는 등록하는 때에 납세의무가 성립하고, 납세의무자의 신고가 있더라도 지방자치단체가 과세표준과 세액을 결정하는 때에 확정된다.

⑤ 재산세는 재산을 취득하는 때에 납세의무가 성립하고, 납세의무자가 과세표준과 세액을 지방자치단체에 신고하는 때에 확정된다.

핵심기출문제 | **납세의무 소멸사유**

01 지방세기본법상 지방자치단체의 징수금을 납부할 의무가 소멸되는 것은 모두 몇 개인가? 제28회

> ㉠ 납부·충당되었을 때
> ㉡ 지방세 징수권의 소멸시효가 완성되었을 때
> ㉢ 법인이 합병한 때
> ㉣ 지방세부과의 제척기간이 만료되었을 때
> ㉤ 납세의무자의 사망으로 상속이 개시된 때

① 1개   ② 2개   ③ 3개
④ 4개   ⑤ 5개

Answer   07. ① / 01. ③

02 지방세기본법상 부과 및 징수, 불복에 관한 설명으로 옳은 것은? 　　제26회

① 납세자가 법정신고기한까지 소득세의 과세준 신고서를 제출하지 아니하여 해당 지방소득세를 부과할 수 없는 경우에 지방세 부과 제척기간은 5년이다.

② 지방세에 관한 불복시 불복청구인은 이의신청을 거치지 않고 심판청구를 제기할 수 없다.

③ 취득세는 원칙적으로 보통징수 방법에 의한다.

④ 납세의무자가 지방세관계법에 따른 신고기한까지 지방세를 신고하지 않은 경우 산출세액의 100분의 40을 가산세로 부과한다.

⑤ 지방자치단체 징수금의 징수순위는 체납처분비, 지방세(가산세 제외), 가산세의 순서로 한다.

03 국세기본법상 사기나 그 밖의 부정한 행위로 주택의 양도소득세를 포탈하는 경우 국세부과의 제척기간은 이를 부과할 수 있는 날부터 몇 년간인가? (다만, 결정 · 판결, 상호합의, 경정청구 등의 예외는 고려하지 않음) 　　제21회

① 3년　　　　　　　　② 5년　　　　　　　　③ 7년

④ 10년　　　　　　　　⑤ 15년

04 국세기본법령상 국세의 부과제척기간에 관한 설명으로 옳은 것은? 　　제34회

① 납세지가 조세범처벌법에 따른 사기나 그 밖의 부정한 행위로 종합소득세를 포탈하는 경우(역외거래 제외) 그 국세를 부과할 수 있는 날부터 15년을 부과제척기간으로 한다.

② 지방국세청장은 행정소송법에 따른 소송에 대한 판결이 확정된 경우 그 판결이 확정된 날부터 2년이 지나기 전까지 경정이나 그 밖에 필요한 처분을 할 수 있다.

③ 세무서장은 감사원장에 따른 심사청구에 대한 결정에 의하여 명의대여 사실이 확인되는 경우에는 당초의 부과처분을 취소하고 그 결정이 확정된 날부터 1년 이내에 실제로 사업을 경영한 자에게 경정이나 그 밖에 필요한 처분을 할 수 있다.

④ 종합부동산세의 경우 부과제척기간의 기산일은 과세표준과 세액에 대한 신고기한의 다음 날이다.

⑤ 납세자가 법정신고기한까지 과세표준신고서를 제출하지 아니한 경우(역외거래는 제외)에는 해당 국세를 부과할 수 있는 날부터 10년을 부과제척기간으로 한다.

Answer　　02. ⑤　　03. ④　　04. ③

05 국세기본법령 및 지방세기본법령상 국세 또는 지방세 징수권의 소멸시효에 관한 설명으로 옳은 것은? 제35회

① 가산세를 제외한 국세가 10억원인 경우 국세징수권은 5년 동안 행사하지 아니하면 소멸시효가 완성된다.

② 가산세를 제외한 지방세가 1억원인 경우 지방세징수권은 7년 동안 행사하지 아니하면 소멸시효가 완성된다.

③ 가산세를 제외한 지방세가 5천만원인 경우 지방세징수권은 5년 동안 행사하지 아니하면 소멸시효가 완성된다.

④ 납세의무자가 양도소득세를 확정신고하였으나 정부가 경정하는 경우, 국세징수권을 행사할 수 있는 때는 납세의무자가 확정신고한 법정 신고납부기한의 다음 날이다.

⑤ 납세의무자가 취득세를 신고하였으나 지방자치단체의 장이 경정하는 경우, 납세고지한 세액에 대한 지방세징수권을 행사할 수 있는 때는 그 납세고지서에 따른 납부기한의 다음 날이다.

핵심기출문제 │ 조세와 다른 채권의 관계

01 법정기일 전에 저당권의 설정을 등기한 사실이 등기사항 증명서(부동산등기부등본)에 따라 증명되는 재산을 매각하여 그 매각금액에서 국세 또는 지방세를 징수하는 경우 그 재산에 대하여 부과되는 다음의 국세 또는 지방세 중 저당권에 따라 담보된 채권에 우선하여 징수하는 것은 모두 몇 개인가? 제30회

> ㉠ 종합부동산세
> ㉡ 취득세에 부가되는 지방교육세
> ㉢ 등록면허세
> ㉣ 부동산임대업에 따른 종합소득세
> ㉤ 소방분에 대한 지역자원시설세

① 1개   ② 2개   ③ 3개
④ 4개   ⑤ 5개

02 국세기본법 및 지방세 기본법상 조세채권과 일반 채권의 관계에 관한 설명으로 틀린 것은? 제29회

① 납세담보물 매각시 압류에 관계되는 조세채권은 담보있는 조세채권보다 우선한다.
② 재산의 매각대금 배분시 당해 재산에 부과된 종합부동산세는 당해 재산에 설정된 전세권에 따라 담보된 채권보다 우선한다.
③ 취득세 신고서를 납세지 관할 지방자치단체장에게 제출한 날 전에 저당권 설정 등기 사실이 증명되는 재산을 매각하여 그 매각대금에서 취득세를 징수하는 경우 저당권에 따라 담보된 채권은 취득세에 우선한다.
④ 강제집행으로 부동산을 매각할 때 그 매각금액 중에 국세를 징수하는 경우 강제집행 비용은 국세에 우선한다.
⑤ 재산의 매각대금 배분시 당해 재산에 부과된 재산세는 당해 재산에 설정된 저당권에 따라 담보된 채권보다 우선한다.

03 국세기본법령 및 지방세기본법령상 조세채권과 일반채권의 우선관계에 관한 설명으로 틀린 것은? (단, 납세의무자의 신고는 적법한 것으로 가정함) 제35회

① 취득세의 법정기일은 과세표준과 세액을 신고한 경우 그 신고일이다.
② 토지를 양도한 거주자가 양도소득세 과세표준과 세액을 예정신고한 경우 양도소득세의 법정기일은 그 예정 신고일이다.
③ 법정기일 전에 전세권이 설정된 사실은 양도소득세의 경우 부동산등기부 등본 또는 공증인의 증명으로 증명한다.
④ 주택의 직전 소유자가 국세의 체납 없이 전세권이 설정된 주택을 양도하였으나, 양도 후 현재 소유자의 소득세가 체납되어 해당 주택의 매각으로 그 매각금액에서 소득세를 강제징수하는 경우 그 소득세는 해당 주택의 전세권담보채권에 우선한다.
⑤ 「주택임대차보호법」 제8조가 적용되는 임대차관계에 있는 주택을 매각하여 그 매각금액에서 지방세를 강제징수하는 경우에는 임대차에 관한 보증금 중 일정액으로서 같은 법에 따라 임차인이 우선하여 변제받을 수 있는 금액에 관한 채권이 지방세에 우선한다.

Answer 02. ① 03. ④

핵심기출문제 | **조세불복과 서류송달**

01 지방세기본법상 이의신청과 심판청구에 관한 설명으로 옳은 것을 모두 고른 것은?

제33회

> ㉠ 통고처분은 이의신청 또는 심판청구의 대상이 되는 처분에 포함된다.
> ㉡ 이의신청인은 신청 또는 청구 금액이 8백만원인 경우에는 그의 배우자를 대리인으로 선임할 수 있다.
> ㉢ 보정기간은 결정기간에 포함하지 아니한다.
> ㉣ 이의신청을 거치지 아니하고 바로 심판청구를 할 수는 없다.

① ㉠   ② ㉡   ③ ㉠, ㉣
④ ㉡, ㉢   ⑤ ㉢, ㉣

02 지방세기본법상 이의신청·심사청구·심판청구에 관한 설명으로 틀린 것은?

제30회

① 지방세기본법에 따른 과태료의 부과처분을 받은 자는 이의신청·심사청구 또는 심판청구를 할 수 없다.
② 심판청구는 그 처분의 집행에 효력이 미치지 아니하지만 압류한 재산에 대하여는 심판청구의 결정이 있는 날부터 30일까지 그 공매처분을 보류할 수 있다.
③ 지방세에 관한 불복시 불복청구인은 심판청구를 거치지 아니한 경우에도 행정소송을 제기할 수 있다.
④ 이의신청인은 신청금액이 1천만원 미만인 경우에는 그의 배우자 4촌 이내의 혈족 또는 그의 배우자의 4촌 이내 혈족을 대리인으로 선임할 수 있다.
⑤ 심사청구가 이유 없다고 인정될 때에는 청구를 기각하는 결정을 한다.

Answer   01. ④   02. ③

03 지방세기본법상 이의신청 또는 심판청구에 관한 설명으로 틀린 것은? 제23회

① 이의신청은 처분이 있은 것을 안 날(처분의 통지를 받았을 때에는 그 통지를 받은 날)부터 90일 이내에 하여야 한다.

② 이의신청을 거친 후에 심판청구를 할 때에는 이의신청에 대한 결정통지를 받은 날부터 90일 이내에 심판청구를 하여야 한다.

③ 이의신청에 따른 결정기간 내에 이의신청에 대한 결정통지를 받지 못한 경우에는 결정통지를 받기 전이라도 그 결정기간이 지난 날부터 90일 이내 심판청구를 할 수 있다.

④ 이의신청, 심판청구는 그 처분의 집행에 효력을 미치지 아니한다. 다만, 압류한 재산에 대하여는 이의신청, 심판청구의 결정처분이 있는 날부터 60일까지 공매처분을 보류할 수 있다.

⑤ 이의신청인이 재해 등을 입어 이의신청기간 내에 이의신청을 할 수 없을 때에는 그 사유가 소멸한 날부터 14일 이내에 이의신청을 할 수 있다.

04 국세 및 지방세의 연대납세의무에 관한 설명으로 옳은 것은? 제34회

① 공동주택의 공유물에 관계되는 지방자치단체의 징수금은 공유자가 연대하여 납부할 의무를 진다.

② 공동으로 소유한 자산에 대한 양도소득금액을 계산하는 경우에는 해당 자산을 공동으로 소유하는 공유자가 그 양도소득세를 연대하여 납부할 의무를 진다.

③ 공동사업에 관한 소득금액을 계산하는 경우(주된 공동사업자에게 합산과세되는 경우 제외)에는 해당 공동사업자가 그 종합소득세를 연대하여 납부할 의무를 진다.

④ 상속으로 인하여 단독주택을 상속인이 공동으로 취득하는 경우에는 상속인 각자가 상속받는 취득물건을 취득한 것으로 보고 공동상속인이 그 취득세를 연대하여 납부할 의무를 진다.

⑤ 어느 연대납세의무자에 대하여 소멸시효가 완성된 때에도 다른 연대 납세의무자의 납세의무에는 영향을 미치지 아니한다.

Answer 03. ④ 04. ④

18 부동산세법

05 지방세기본법상 서류의 송달에 관한 설명으로 틀린 것은? 제33회

① 연대납세의무자에게 납세의 고지에 관한 서류를 송달할 때에는 연대납세의무자 모두에게 각각 송달하여야 한다.

② 기한을 정하여 납세고지서를 송달하였더라도 서류가 도달한 날부터 10일이 되는 날에 납부기한이 되는 경우 지방자치단체의 징수금의 납부기한은 해당 서류가 도달한 날부터 14일이 지난 날로 한다.

③ 납세관리인이 있을 때에는 납세의 고지와 독촉에 관한 서류는 그 납세관리인의 주소 또는 영업소에 송달한다.

④ 교부에 의한 서류송달의 경우에 송달할 장소에서 서류를 송달받아야 할 자를 만나지 못하였을 때에는 그의 사용인으로서 사리를 분별할 수 있는 사람에게 서류를 송달할 수 있다.

⑤ 서류송달을 받아야 할 자의 주소 또는 영업소가 분명하지 아니한 경우에는 서류의 주요 내용을 공고한 날부터 14일이 지나면 서류의 송달이 된 것으로 본다.

06 지방세기본법상 공시송달할 수 있는 경우가 아닌 것은? 제24회

① 송달을 받아야 할 자의 주소 또는 영업소가 국외에 있고 그 송달이 곤란한 경우

② 송달을 받아야 할 자의 주소 또는 영업소가 분명하지 아니한 경우

③ 서류를 우편으로 송달하였으나 받을 사람이 없는 것으로 확인되어 반송됨으로써 납부기한 내에 송달하기 곤란하다고 인정되는 경우

④ 서류를 송달할 장소에서 송달을 받을 자가 정당한 사유 없이 그 수령을 거부한 경우

⑤ 세무공무원이 2회 이상 납세자를 방문(처음 방문한 날과 마지막 방문한 날 사이의 기간이 3일 이상이어야 함)하여 서류를 교부하려고 하였으나 받을 사람이 없는 것으로 확인되어 납부기한 내에 송달하기 곤란하다고 인정되는 경우

Answer 05. ② 06. ④

취득세

핵심기출문제 | 취득의 구분

01 지방세법상 취득세가 과세될 수 있는 것으로만 묶인 것은?　　제20회

> ㉠ 보유 토지의 지목이 전(田)에서 대지(垈地)로 변경되어 가액이 증가한 경우
> ㉡ 임시흥행장, 공사현장사무소 등 임시건축물의 취득(다만, 존속기간이 1년을 초과하지 아니하는 경우를 말한다)
> ㉢ 토지를 사실상 취득하였지만 등기하지 않은 경우
> ㉣ 공유수면을 매립하거나 간척하여 토지를 조성한 경우

① ㉠, ㉡　　　　　　　　　　② ㉠, ㉡, ㉢
③ ㉠, ㉢, ㉣　　　　　　　　④ ㉡, ㉢, ㉣
⑤ ㉠, ㉡, ㉢, ㉣

02 지방세법상 과점주주의 간주취득세가 과세되는 경우가 아닌 것은 모두 몇 개인가?
(단, 주식발행 법인은 자본시장과 금융투자업에 관한 법률 시행령 제176조의9 제1항에 따른 유가증권시장에 상장한 법인이 아니며 지방세특례법은 고려하지 않음)
제29회

> ㉠ 법인 설립시에 발행하는 주식을 취득함으로써 과점주주가 된 경우
> ㉡ 과점주주가 아닌 주주가 다른 주주로부터 주식을 취득함으로써 최초로 과점주주가 된 경우
> ㉢ 이미 과점주주가 된 주주가 해당 법인의 주식을 취득하여 해당 법인의 주식의 총액에 대한 과점주주가 가진 주식의 비율이 증가된 경우
> ㉣ 과점주주 집단 내부에서 주식이 이전되었으나 과점주주 집단이 소유한 총주식의 비율에 변동이 없는 경우

① 0개　　　　　　　　　② 1개　　　　　　　　　③ 2개
④ 3개　　　　　　　　　⑤ 4개

Answer　　01. ③　　02. ③

03 거주자 甲의 A 비상장법인에 대한 주식보유 현황은 아래와 같다. 2025년 9월 15일 주식 취득시 지방세법상 A 법인 보유 부동산 등에 대한 甲의 취득세 과세표준을 계산하는 경우, 취득으로 간주되는 지분비율은? (다만, A법인 보유 자산 중 취득세가 비과세·감면되는 부분은 없으며, 甲과 특수관계에 있는 다른 주주는 없음) 제20회

구 분	발행주식주	보유주식
㉠ 2021년 1월 1일 설립시	10,000주	5,000주
㉡ 2023년 4월 29일 주식 취득 후	10,000주	6,000주
㉢ 2024년 7월 18일 주식 양도 후	10,000주	3,000주
㉣ 2025년 9월 15일 주식 취득시	10,000주	7,000주

① 10%   ② 20%   ③ 40%
④ 60%   ⑤ 70%

04 아래의 자료를 기초로 제조업을 영위하고 있는 비상장 A 법인의 주주인 甲이 과점주주가 됨으로써 과세되는 취득세(비과세 또는 감면은 고려하지 않음)의 과세표준은 얼마인가?

- A 법인의 증자 전 자산가액 및 주식발행 현황
  - 증자 전 자산가액(지방세법상 취득세 과세표준임)
    - 건물: 4억원   · 토지: 5억원   · 차량: 1억원
  - 주식발행 현황
    - 2023.03.10. 설립시 발행주식총수: 50,000주
    - 2025.10.05. 증자후 발행주식총수: 100,000주
- 갑의 A 법인 주식취득 현황
  - 2023.03.10. A 법인 설립시 20,000주 취득
  - 2025.10.05. 증자로 40,000주 추가 취득

① 2억원   ② 4억원   ③ 5억1천만원
④ 6억원   ⑤ 10억원

핵심기출문제 납세의무자

01 지방세법상 취득세의 납세의무에 관한 설명으로 틀린 것은? 제27회
① 부동산의 취득은 「민법」 등 관계 법령에 따른 등기를 하지 아니한 경우라도 사실상 취득하면 취득한 것으로 본다.
② 「주택법」에 따른 주택조합이 해당 조합원용으로 취득하는 조합주택용 부동산 (조합원에게 귀속되지 아니하는 부동산은 제외)은 그 조합원이 취득한 것으로 본다.
③ 직계비속이 직계존속의 부동산을 매매로 취득하는 때에 해당 직계비속의 다른 재산으로 그 대가를 지급한 사실이 입증되는 경우 유상으로 취득한 것으로 본다.
④ 직계비속이 권리의 이전에 등기가 필요한 직계존속의 부동산을 서로 교환한 경우 무상으로 취득한 것으로 본다.
⑤ 직계비속이 공매를 통하여 직계존속의 부동산을 취득하는 경우 유상으로 취득한 것으로 본다.

02 지방세법상 부동산의 유상취득으로 보지 않는 것은? 제25회
① 공매를 통하여 배우자의 부동산을 취득한 경우
② 파산선고로 인하여 처분되는 직계비속의 부동산을 취득한 경우
③ 배우자의 부동산을 취득한 경우로서 그 취득대가를 지급한 사실을 증명한 경우
④ 권리의 이전이나 행사에 등기가 필요한 부동산을 직계존속과 서로 교환한 경우
⑤ 증여자의 채무를 인수하는 부담부증여(배우자 직계존비속은 제외)로 취득한 경우로서 그 채무액에 상당하는 부분을 제외한 나머지 부분의 경우

Answer 01. ④ 02. ⑤

03 지방세법상 취득세의 납세의무자 등에 관한 설명으로 옳은 것은? 　제26회

① 취득세는 부동산, 부동산에 준하는 자산, 어업권을 제외한 각종 권리 등을 취득한 자에게 부과한다.

② 건축물 중 조작설비로서 그 주체구조부와 하나가 되어 건축물로서의 효용가치를 이루고 있는 것에 대하여는 주체구조부 취득자 외의 자가 가설한 경우에도 주체구조부의 취득자가 함께 취득한 것으로 본다.

③ 법인설립시 발행하는 주식을 취득함으로써 지방세기본법에 따른 과점주주가 되었을 때에는 그 과점주주가 해당 법인의 부동산 등을 취득한 것으로 본다.

④ 토지의 지목을 사실상 변경함으로써 그 가액이 증가한 경우에도 취득으로 보지 아니한다.

⑤ 증여자의 채무를 인수하는 부담부증여(배우자 직계존비속은 제외)의 경우에 그 채무액에 상당하는 부분은 부동산 등을 유상 취득한 것으로 보지 아니한다.

04 지방세법상 취득세 납세의무에 관한 설명으로 옳은 것은? 　제32회

① 토지의 지목을 사실상 변경함으로써 그 가액이 증가한 경우에는 취득으로 보지 아니한다.

② 상속회복청구의 소에 의한 법원의 확정판결에 의하여 특정 상속인이 당초 상속분을 초과하여 취득하게 되는 재산가액은 상속분이 감소한 상속인으로부터 증여받아 취득한 것으로 본다.

③ 권리의 이전이나 행사에 등기 또는 등록이 필요한 부동산을 직계존속과 서로 교환한 경우에는 무상으로 취득한 것으로 본다.

④ 증여로 인한 승계취득의 경우 해당 취득물건을 등기·등록을 하더라도 취득일로부터 60일 이내에 공증받은 공정증서에 의하여 계약이 해제된 사실이 입증되는 경우에는 취득한 것으로 보지 아니한다.

⑤ 증여자가 배우자 또는 직계존비속이 아닌 경우 증여자의 채무를 인수하는 부담부증여의 경우에는 그 채무액에 상당하는 부분은 부동산 등을 유상으로 취득하는 것으로 본다.

Answer　　03. ② 　04. ⑤

05 지방세법상 취득세 납세의무에 관한 설명으로 틀린 것은? 제19회

① 부동산의 취득에 있어서는 관계 법령에 의한 등기를 이행하지 아니한 경우라도 사실상 취득한 때에는 이를 취득한 것으로 본다.

② 법인 설립시에 발행하는 주식을 취득함으로써 과점주주가 된 때에는 당해 법인의 부동산 등을 취득한 것으로 본다.

③ 외국인 소유의 취득세 과세대상 물건(차량, 기계장비, 항공기 및 선박만 해당한다)을 직접 사용하거나 국내의 대여시설 이용자에게 대여하기 위하여 소유권을 이전 받는 조건으로 임차하여 수입하는 경우에는 수입하는 자가 취득한 것으로 본다.

④ 토지의 지목을 사실상 변경함으로써 그 가액이 증가한 경우는 이를 취득으로 본다.

⑤ 주택법에 의한 주택조합이 조합원용으로 취득하는 조합주택용 부동산은 그 조합원이 취득한 것으로 본다.

06 지방세법령상 취득세에 관한 설명으로 틀린 것은? 제34회

① 건축물 중 조작설비에 속하는 부분으로서 그 주체구조부와 하나가 되어 건축물로서의 효용가치를 이루고 있는 것에 대하여는 주체구조부 취득자 외의 자가 가설한 경우에도 주체구조부의 취득자가 함께 취득한 것으로 본다.

② 도시개발법에 따른 환지방식에 의한 도시개발사업의 시행으로 토지의 지목이 사실상 변경됨으로써 그 가액이 증가한 경우에는 그 환지계획에 따라 공급되는 환지는 사업시행자가, 체비지 또는 보류지는 조합원이 각각 취득한 것으로 본다.

③ 경매를 통하여 배우자의 부동산을 취득하는 경우에는 유상으로 취득한 것으로 본다.

④ 형제자매인 증여자의 채무를 인수하는 부동산의 부담부증여의 경우에는 그 채무액에 상당하는 부분은 부동산을 유상으로 취득하는 것으로 본다.

⑤ 부동산의 승계취득은 민법 등 관계 법령에 따른 등기를 하지 아니한 경우라도 사실상 취득하면 취득한 것으로 보고 그 부동산의 양수인을 취득자로 한다.

Answer 05. ② 06. ②

핵심기출문제 **비과세**

01 지방세법상 신탁(신탁법에 따른 신탁으로 신탁등기가 병행되는 것임)으로 인한 신탁재산의 취득으로서 취득세를 부과하는 경우는 모두 몇 개인가? 제29회

> ㉠ 위탁자로부터 수탁자에게 신탁재산을 이전하는 경우
> ㉡ 신탁의 종료로 인하여 수탁자로부터 위탁자에게 신탁재산을 이전하는 경우
> ㉢ 수탁자가 변경되어 신수탁자에게 신탁재산을 이전하는 경우
> ㉣ 주택법에 따른 주택조합이 비조합원용 부동산을 취득하는 경우

① 0개   ② 1개   ③ 2개
④ 3개   ⑤ 4개

02 지방세법상 취득세가 부과되지 않는 것은? 제30회
① 주택법에 따른 공동주택의 개수(건축법에 따른 대수선 제외)로 인한 취득 중 개수로 인한 취득 당시 주택의 시가표준액이 9억원 이하인 경우
② 형제 간에 부동산을 상호 교환한 경우
③ 직계존속으로부터 거주하는 주택을 증여 받은 경우
④ 파산선고로 인하여 처분되는 부동산을 취득한 경우
⑤ 주택법에 따른 주택조합이 해당 조합원용으로 조합 주택용 부동산을 취득한 경우

03 지방세법상 취득세에 관한 설명으로 옳은 것은? 제20회
① 지방자치단체의 기부채납을 조건으로 부동산을 취득하는 경우 취득세를 과세한다.
② 취득세는 연부금액을 기준으로 면세점 여부를 판정한다.
③ 임시용 건축물(사치성재산은 제외)로서 존속기간이 1년을 초과하지 아니하는 경우 취득세를 비과세한다.
④ 차량, 기계장비, 선박, 항공기를 제조·조립·건조하는 경우는 원시취득으로 보아 취득세를 과세한다.
⑤ 국가 및 외국정부의 취득에 대해서는 취득세를 부과한다.

Answer   01. ②   02. ①   03. ③

핵심기출문제 | **취득시기**

01 지방세법상 취득의 시기 등에 관한 설명으로 틀린 것은?   제28회

① 연부로 취득하는 것(취득가액의 총액이 50만원 이하인 것은 제외)은 그 사실상의 연부금 지급일을 취득일로 본다. 단, 취득일 전에 등기 또는 등록을 한 경우에는 그 등기일 또는 등록일에 취득한 것으로 본다.

② 관계 법령에 따라 매립·간척 등으로 토지를 원시취득하는 경우로서 공사준공인가일 전에 사실상 사용하는 경우에는 그 사실상 사용일을 취득일로 본다.

③ 주택법 제11조에 따른 주택조합이 주택건설사업을 하면서 조합원으로부터 취득하는 토지 중 조합원에게 귀속되지 아니하는 토지를 취득하는 경우에는 주택법 제49조에 따른 사용검사를 받은 날에 그 토지를 취득한 것으로 본다.

④ 도시 및 주거환경정비법 제16조 제2항에 따른 주택재건축조합이 주택재건축사업을 하면서 조합원으로부터 취득하는 토지 중 조합원에게 귀속되지 아니하는 토지를 취득하는 경우에는 도시 및 주거환경정비법 제54조 제2항에 따른 소유권이전고시일에 그 토지를 취득한 것으로 본다.

⑤ 토지의 지목변경에 따른 토지의 취득은 토지의 지목이 사실상 변경된 날과 공부상 변경된 날 중 빠른 날을 취득일로 본다. 다만, 토지의 지목변경일 이전에 사용하는 부분에 대해서는 그 사실상의 사용일을 취득일로 본다.

02 다음은 취득세의 취득시기에 대한 설명 중 틀린 것은?   제24회

① 토지의 지목변경에 따른 취득은 토지의 지목이 사실상 변경된 날과 공부상 변경된 날 중 빠른 날을 취득일로 본다.

② 건축허가를 받아 건축하는 건축물에 있어서는 사용승인서를 내주는 날과 사실상 사용일 중 빠른 날을 취득일로 본다.

③ 건축허가를 받지 아니하고 건축하는 건축물의 경우 사실상 사용일을 취득일로 본다.

④ 도시개발법에 의한 도시개발사업으로 건축한 주택을 환지처분으로 취득하는 경우에는 준공검사증명서를 내주는 날과 사실상 사용일 중 빠른 날을 취득일로 본다.

⑤ 원시취득에 해당하는 점유시효 취득에 의한 취득시기는 점유를 개시한 날이다.

Answer   01. ④   02. ⑤

03 지방세기본법령 및 지방세법령상 취득세 납세의무의 성립에 관한 설명으로 틀린 것은?
제34회

① 상속으로 인한 취득의 경우에는 상속개시일이 납세의무의 성립시기이다.

② 부동산의 증여계약으로 인한 취득에 있어서 소유권이전등기를 하지 않고 취득일이 속한 달의 말일부터 3개월 이내에 공증받은 공정증서로 계약이 해제된 사실이 입증되는 경우에는 취득한 것으로 보지 아니한다.

③ 유상승계 취득의 경우 사실상의 잔금지급일을 확인할 수 있는 때에는 사실상의 잔금지급일이 납세의무 성립시기이다(단, 등기는 이행되지 않았음).

④ 민법에 따른 이혼시 재산분할로 인한 부동산 취득의 경우에는 취득물건의 등기일이 납세의무의 성립시기이다.

⑤ 도시 및 주거환경정비법에 따른 재건축조합이 재건축사업을 하면서 조합원으로부터 취득하는 토지 중 조합원에게 귀속되지 아니하는 토지를 취득하는 경우에는 같은 법에 따른 준공인가 고시일의 다음 날이 납세의무의 성립시기이다.

핵심기출문제 | **과세표준**

---

01 지방세법령상 취득세의 취득당시가액에 관한 설명으로 옳은 것은? (단, 주어진 조건 외에는 고려하지 않음)
제35회

① 건축물을 교환으로 취득하는 경우에는 교환으로 이전받는 건축물의 시가표준액과 이전하는 건축물의 시가표준액 중 낮은 가액을 취득당시가액으로 한다.

② 상속에 따른 건축물 무상취득의 경우에는 「지방세법」 제4조에 따른 시가표준액을 취득당시가액으로 한다.

③ 대물변제에 따른 건축물 취득의 경우에는 대물변제액(대물변제액 외에 추가로 지급한 금액이 있는 경우에는 그 금액을 제외한다)을 취득당시가액으로 한다.

④ 법인이 아닌 자가 건축물을 건축하여 취득하는 경우로서 사실상취득가격을 확인할 수 없는 경우에는 시가인정액을 취득당시가액으로 한다.

⑤ 법인이 아닌 자가 건축물을 매매로 승계취득하는 경우에는 그 건축물을 취득하기 위하여 「공인중개사법」에 따른 공인중개사에게 지급한 중개보수를 취득당시가액에 포함한다.

Answer ▸ 03. ⑤ / 01. ②

02 지방세법상 취득세에 관한 설명으로 틀린 것은? 제28회 수정

① 토지의 지목을 사실상 변경함으로써 그 가액이 증가한 경우에는 취득으로 본다. 이 경우 도시개발법에 따른 도시개발사업(환지 방식만 해당)의 시행으로 토지의 지목이 사실상 변경된 때에는 그 환지계획에 따라 공급되는 환지는 조합원이 체비지 또는 보류지는 사업시행자가 각각 취득한 것으로 본다.

② 상속(피상속인이 상속인에게 한 유언에 의한 증여 및 포괄유증과 신탁재산의 상속 포함)으로 인하여 취득하는 경우에는 상속인 각자가 상속받는 취득물건(지분을 취득하는 경우에는 그 지분에 해당하는 취득물건을 말함)을 취득한 것으로 본다.

③ 부동산 등을 유상거래로 승계취득하는 경우 취득당시가액은 취득시기 이전에 해당 물건을 취득하기 위하여 거래 상대방이나 제3자에게 지급하였거나 지급하여야 할 일체의 비용으로서 사실상의 취득가격으로 한다. 다만, 지방자치단체의 장은 특수관계인 간의 거래로 그 취득에 대한 조세부담을 부당하게 감소시키는 행위 또는 계산을 한 것으로 인정되는 경우에는 시가인정액을 취득당시가액으로 결정할 수 있다.

④ 무상승계취득한 취득물건을 취득일에 등기·등록한 후 화해조서·인낙조서에 의하여 취득일부터 60일 이내에 계약이 해제된 사실을 입증하는 경우에는 취득한 것으로 보지 아니한다.

⑤ 주택법 제2조 제3호에 따른 공동주택의 개수(건축법 제2조 제1항 제9호에 따른 대수선은 제외함)로 인한 취득 중 개수로 인한 취득 당시 지방세법 제4조에 따른 주택의 시가표준액이 9억원 이하인 주택과 관련된 개수로 인한 취득에 대해서는 취득세를 부과하지 아니한다.

03 지방세법상 사실상의 취득가격 또는 연부금액을 취득세의 과세표준으로 하는 경우 취득가격 또는 연부금액에 포함되지 않는 것은? (단, 특수관계인과의 거래가 아니며 비용 등은 취득시기 이전에 지급되었음) 제27회

① 「전기사업법」에 따라 전기를 사용하는 자가 분담하는 비용
② 법인의 경우 건설자금에 충당한 차입금의 이자
③ 법인이 연부로 취득하는 경우 연부 계약에 따른 이자상당액
④ 취득에 필요한 용역을 제공받은 대가로 지급하는 용역비
⑤ 취득대금 외에 당사자의 약정에 따른 취득자 조건 부담액

Answer ▶ 02. ④   03. ①

04 지방세법상 부동산의 취득세 과세표준을 사실상의 취득가격으로 하는 경우 이에 포함될 수 있는 항목을 모두 고른 것은? (다만, 아래 항목은 개인이 국가로부터 시가로 유상취득하기 위하여 취득시기 이전에 지급하였거나 지급하여야 할 것으로 가정함)

제21회

> ㉠ 취득대금을 일시급으로 지불하여 일정액을 할인 받은 경우 그 할인액
> ㉡ 부동산의 건설자금에 충당한 차입금의 이자
> ㉢ 연불조건부 계약에 따른 이자상당액 및 연체료
> ㉣ 취득대금 외에 당사자 약정에 의한 취득자 채무인수액

① ㉠, ㉡   ② ㉠, ㉢   ③ ㉡, ㉢
④ ㉣   ⑤ ㉢, ㉣

05 다음과 같은 내용으로 주택을 취득하였다. 취득세 과세표준 금액으로 옳은 것은?

제29회

> 아래의 계약 내용은 개인 매매로 인한 취득임
> • 계약 내용
> - 총매매대금 500,000,000원
> - 2025년 7월 2일 계약금 50,000,000원
> - 2025년 8월 2일 중도금 150,000,000원
> - 2025년 9월 3일 잔금 300,000,000원
> • 甲이 주택 취득과 관련하여 지출한 비용
> - 총매매대금 외에 당사자약정에 의하여 乙의 은행 채무를 甲이 대신 변제한 금액 10,000,000원
> - 법령에 따라 매입한 국민주택채권을 해당 주택의 취득 이전에 금융회사에 양도함으로써 생하는 매각차손 1,000,000원

① 500,000,000원   ② 501,000,000원
③ 509,000,000원   ④ 510,000,000원
⑤ 511,000,000원

06 법인인 A회사는 다음과 같은 내용으로 특수관계 없는 법인인 B회사로부터 유상거래로 건물을 승계취득하였다. 이때 법인인 A회사의 취득세 과세표준은 얼마가 되어야 하는가?

---

1. 계약내용(계약대상은 건물만 해당)
   ① 계약총액 110,000,000원(부가가치세 10,000,000원 포함)
   ② 2025년 5월 1일 계약금 20,000,000원
   ③ 2025년 5월 31일 잔금 90,000,000원 지급
2. A회사가 건물취득과 관련하여 지출한 비용
   ① 해당 건물의 취득과 관련하여 건설자금에 충당한 금액의 이자 5,000,000원
   ② 공인중개사에게 지급한 중개보수 1,000,000원(부가가치세 제외)

---

① 80,000,000원   ② 105,000,000원
③ 106,000,000원   ④ 110,000,000원
⑤ 116,000,000원

07 지방세법상 시가표준액에 관한 설명으로 옳은 것을 모두 고른 것은?   제32회

㉠ 토지의 시가표준액은 세목별 납세의무 성립시기 당시 「부동산 가격공시에 관한 법률」에 따른 개별공시지가가 공시된 경우 개별공시지가로 한다.
㉡ 건축물의 시가표준액은 소득세법령에 따라 매년 1회 국세청장이 산정, 고시하는 건물 신축가격기준액에 행정안전부장관이 정한 기준을 적용하여 국토교통부장관이 결정한 가액으로 한다.
㉢ 공동주택의 시가표준액은 공동주택가격이 공시되지 아니한 경우에는 지역별·단지별·면적별·층별 특성 및 거래가격을 고려하여 행정안전부령이 정하는 기준에 따라 국토교통부장관이 산정한 가액으로 한다.

---

① ㉠   ② ㉠, ㉡   ③ ㉠, ㉢
④ ㉡, ㉢   ⑤ ㉠, ㉡, ㉢

Answer   **06.** ③   **07.** ①

핵심기출문제 | **취득세 표준세율**

01 지방세법상 부동산 취득시 취득세 과세표준에 적용되는 표준세율로 옳은 것을 모두 고른 것은?

제26회

> ㉠ 상속으로 인한 농지취득 : 1천분의 23
> ㉡ 합유물 및 총유물의 분할로 인한 취득 : 1천분의 23
> ㉢ 원시취득(공유수면의 매립 또는 간척으로 인한 농지취득 제외) : 1천분의 28
> ㉣ 법령으로 정한 비영리사업자의 상속 외의 무상취득 : 1천분의 28

① ㉠, ㉡　　　　　　　　② ㉡, ㉢　　　　　　　　③ ㉠, ㉢
④ ㉡, ㉢, ㉣　　　　　　⑤ ㉠, ㉡, ㉢, ㉣

02 「지방세법」상 공유농지를 분할로 취득하는 경우 자기소유 지분에 대한 취득세 과세표준의 표준세율은?

제27회

① 1천분의 23　　　　　　② 1천분의 28
③ 1천분의 30　　　　　　④ 1천분의 35
⑤ 1천분의 40

03 지방세법상 농지를 상호 교환하여 소유권이전등기를 할 때 적용하는 취득세 표준세율은?

① 1천분의 23　　　　　　② 1천분의 25
③ 1천분이 28　　　　　　④ 1천분의 30
⑤ 1천분의 35

Answer　　01. ⑤　02. ①　03. ④

04 지방세법상 취득세의 표준세율이 가장 높은 것은? (단, 지방세특례제한법은 고려하지 않음)
제30회

① 상속으로 건물(주택 아님)을 취득한 경우
② 사회복지사업법에 따라 설립된 사회복지법인이 독지가의 기부에 의하여 건물을 취득한 경우
③ 영리법인이 공유수면을 매립하여 농지를 취득한 경우
④ 유상거래를 원인으로 지방세법 제10조에 따른 취득 당시의 가액이 6억원인 1주택(주택법에 따른 주택으로서 등기부에 주택으로 기재된 주거용 건축물과 그 부속토지)을 취득한 경우
⑤ 유상거래를 원인으로 농지를 취득한 경우

05 지방세법령상 부동산 취득에 대한 취득세의 표준세율로 옳은 것을 모두 고른 것은? (단, 조례에 의한 세율조정, 지방세관계법령상 특례 및 감면은 고려하지 않음)
제35회

> ㉠ 상속으로 인한 농지의 취득: 1천분의 23
> ㉡ 법인의 합병으로 인한 농지 외의 토지 취득: 1천분의 40
> ㉢ 공유물의 분할로 인한 취득: 1천분의 17
> ㉣ 매매로 인한 농지 외의 토지 취득: 1천분의 19

① ㉠, ㉡   ② ㉡, ㉢   ③ ㉢, ㉣
④ ㉠, ㉡, ㉢   ⑤ ㉡, ㉢, ㉣

Answer 　04. ⑤　05. ①

핵심기출문제 | **중과세**

01 지방세법상 취득세 표준세율에 중과기준세율의 100분의 400을 합한 세율이 적용되는 취득세 과세대상은 다음 중 모두 몇 개인가? (다만, 지방세법상 중과세율의 적용요건을 모두 충족하는 것으로 가정함) 제21회

> • 골프장
> • 고급주택
> • 고급오락장
> • 과밀억제권역 안에서 법인 본점으로 사용하는 사업용 부동산

① 1개   ② 2개   ③ 3개
④ 4개   ⑤ 5개

핵심기출문제 | **세율특례**

01 지방세법상 취득세 표준세율에서 중과기준세율을 뺀 세율로 산출한 취득가액으로 하는 경우가 아닌 것은? (단, 취득물건은 취득세 중과대상이 아님) 제22회

① 상속으로 인한 취득 중 법령으로 정하는 1가구 1주택 및 그 부속토지의 취득
② 공유물의 분할로 인한 취득(등기부등본상 본인지분을 초과하지 아니함)
③ 건축물의 이전으로 인한 취득(이전한 건축물의 가액이 종전 건축물의 가액을 초과하지 아니함)
④ 「민법」 제834조 및 제839조의 2에 따른 재산분할로 인한 취득
⑤ 개수로 인한 취득(개수로 인하여 건축물 면적이 증가하지 아니함)

Answer   **01.** ③   / **01.** ⑤

02 지방세법상 취득세액을 계산할 때 중과기준세율만을 적용하는 경우를 모두 고른 것은? (단, 취득세 중과물건이 아님) 제24회

> ㉠ 개수로 인하여 건축물 면적이 증가하는 경우 그 증가된 부분
> ㉡ 토지의 지목을 사실상 변경함으로써 그 가액이 증가한 경우
> ㉢ 법인설립 후 유상 증자시에 주식을 취득하여 최초로 과점주주가 된 경우
> ㉣ 상속으로 농지를 취득한 경우

① ㉠, ㉡   ② ㉠, ㉣   ③ ㉡, ㉢
④ ㉠, ㉢, ㉣   ⑤ ㉡, ㉢, ㉣

03 지방세법상 취득세 표준세율에서 중과기준세율을 뺀 세율로 산출한 금액을 그 세액으로 하는 것으로만 모두 묶은 것은? (단, 취득물건은 지방세법 제11조 제1항 제8호에 따른 주택 외의 부동산이며 취득세 중과세 대상이 아님) 제28회

> ㉠ 환매등기를 병행하는 부동산의 매매로서 환매기간 내에 매도자가 환매한 경우의 그 매도자와 매수자의 취득
> ㉡ 존속기간이 1년을 초과하는 임시 건축물의 취득
> ㉢ 민법 제839조의 2에 따라 이혼시 재산분할로 인한 취득
> ㉣ 등기부등본상 본인 지분을 초과하지 않는 공유물의 분할로 인한 취득

① ㉠, ㉡   ② ㉡, ㉣   ③ ㉢, ㉣
④ ㉠, ㉡, ㉢   ⑤ ㉠, ㉢, ㉣

Answer   02. ③   03. ⑤

핵심기출문제 | **과세표준과 세율**

01 지방세법상 취득세의 과세표준과 세율에 관한 설명으로 옳은 것은? (단, 2025년 중 취득한 과세대상 재산에 한함) 제25회 수정

① 취득가액이 100만원인 경우에는 취득세를 부과하지 아니한다.

② 같은 취득물건에 대하여 둘 이상의 세율이 해당되는 경우에는 그중 낮은 세율을 적용한다.

③ 상속으로 인한 취득의 경우 시가표준액을 과세표준으로 한다.

④ 대도시에서 법인이 사원에 대한 임대용으로 직접 사용할 목적으로 사원주거용 목적의 공동주택(1구의 건축물의 연면적이 60제곱미터 이하임)을 취득하는 경우에는 중과세율을 적용한다.

⑤ 유상거래를 원인으로 취득당시의 가액이 6억원 이하인 주택을 취득하는 경우에는 1천분의 20의 세율을 적용한다.

02 지방세법상 취득세 과세표준 및 세율에 관한 설명으로 틀린 것은? 제26회

① 취득세의 과세표준은 취득 당시의 가액으로 한다. 다만, 연부로 취득하는 경우의 과세표준은 매회 사실상 지급되는 금액을 말하며, 취득금액에 포함되는 계약보증금을 포함한다.

② 건축(신축·재축 제외)으로 인하여 건축물 면적이 증가할 때에는 그 증가된 부분에 대하여 원시취득으로 보아 해당 세율을 적용한다.

③ 환매등기를 병행하는 부동산의 매매로서 환매기간 내에 매도자가 환매한 경우의 그 매도자와 매수자의 취득에 대한 취득세는 표준세율에 중과기준세율(100분의 200)을 합한 세율로 산출한 금액으로 한다.

④ 토지를 취득한 자가 그 취득한 날부터 1년 이내에 그에 인접한 토지를 취득한 경우에는 그 전·후의 취득에 관한 토지의 취득을 1건의 토지 취득으로 보아 면세점을 적용한다.

⑤ 지방자치단체장은 조례로 정하는 바에 따라 취득세 표준세율의 100분의 50 범위에서 가감할 수 있다.

Answer | **01.** ③ **02.** ③

01 지방세법상 취득세의 부과·징수에 관한 설명으로 옳은 것은?　　　　제33회

① 취득세의 징수는 보통징수의 방법으로 한다.

② 상속으로 취득세 과세물건을 취득한 자(국내에 주소를 둔 경우)는 상속개시일부터 60일 이내에 산출한 세액을 신고하고 납부하여야 한다.

③ 신고·납부기한 이내에 재산권과 그 밖의 권리의 취득·이전에 관한 사항을 공부에 등기하거나 등록(등재 포함)하려는 경우에는 등기 또는 등록 신청서를 등기·등록관서에 접수하는 날까지 취득세를 신고·납부하여야 한다.

④ 취득세 과세물건을 취득한 후에 그 과세물건이 중과세율의 적용대상이 되었을 때에는 중과세율을 적용하여 산출한 세액에서 이미 납부한 세액(가산세 포함)을 공제한 금액을 세액으로 하여 신고·납부하여야 한다.

⑤ 법인의 취득당시가액을 증명할 수 있는 장부가 없는 경우 지방자치단체의 장은 그 산출된 세액의 100분의 20을 징수하여야 할 세액에 가산한다.

02 지방세법상 취득세에 관한 설명으로 옳은 것은?　　　　제33회

① 건축물 중 부대설비에 속하는 부분으로서 그 주체구조부와 하나가 되어 건축물로서의 효용가치를 이루고 있는 것에 대하여는 주체구조부 취득자 외의 자가 가설한 경우에도 주체구조부의 취득자가 함께 취득한 것으로 본다.

② 세대별 소유주택 수에 따른 중과세율을 적용함에 있어 주택으로 재산세를 과세하는 오피스텔(2025년 취득)은 해당 오피스텔을 소유한 자의 주택 수에 가산하지 아니한다.

③ 납세의무자가 토지의 지목을 사실상 변경한 후 산출세액에 대한 신고를 하지 아니하고 그 토지를 매각하는 경우에는 산출세액에 100분의 80을 가산한 금액을 세액으로 하여 징수한다.

④ 공사현장사무소 등 임시건축물의 취득에 대하여는 그 존속기간에 관계없이 취득세를 부과하지 아니한다.

⑤ 토지를 취득한 자가 취득한 날부터 1년 이내에 그에 인접한 토지를 취득한 경우 그 취득가액이 100만원일 때에는 취득세를 부과하지 아니한다.

03 지방세법상 취득세에 관한 설명으로 옳은 것은? 제23회
① 「민법」 등 관계 법령에 따른 등기를 하지 아니한 부동산의 취득은 사실상 취득하더라도 취득한 것으로 볼 수 없다.
② 법인 설립시에 발행하는 주식 또는 지분을 취득함으로써 과점주주가 된 경우에는 그 과점주주가 해당 법인의 부동산 등을 취득한 것으로 본다.
③ 국가, 지방자치단체 또는 지방자치단체조합에 귀속 또는 기부채납을 조건으로 취득하는 부동산에 대하여는 취득세를 부과하지 아니한다.
④ 법령이 정하는 고급오락장에 해당하는 임시건축물의 취득에 대하여는 존속기간에 상관없이 취득세를 부과하지 아니한다.
⑤ 「건축법」상 대수선으로 인해 공동주택을 취득한 경우에는 취득세를 비과세한다.

04 지방세법상 취득세에 관한 설명으로 옳은 것은? 제24회 수정
① 토지의 지목변경에 따른 취득은 지목변경일 이전에 그 사용 여부와 관계없이 사실상 변경된 날과 공부상 변경된 날 중 빠른 날을 취득일로 본다.
② 부동산을 연부로 취득하는 것은 등기일에 관계없이 그 사실상의 최종연부금 지급일을 취득일로 본다.
③ 증여로 인한 취득의 경우 계약일로부터 60일 이내 취득세를 신고하고 납부하여야 한다.
④ 취득세 납세의무가 있는 법인이 장부 등의 작성과 보존의무를 이행하지 아니하는 경우 산출세액의 100분의 20에 상당하는 가산세가 부과된다.
⑤ 甲 소유의 미등기 건물에 대하여 乙이 채권확보를 위하여 법원의 판결에 의한 소유권보존등기를 甲의 명의로 등기할 경우의 취득세 납세의무는 甲에게 있다.

Answer   03. ③   04. ⑤

05 지방세법상 취득세의 부과 · 징수에 관한 설명으로 틀린 것은? 제25회

① 납세의무자가 취득세 과세물건을 사실상 취득한 후 취득세 신고를 하지 아니하고 매각하는 경우에는 산출세액에 100분의 50을 가산한 금액을 세액으로 하여 보통징수의 방법으로 징수한다.

② 재산권을 공부에 등기하려는 경우에는 등기 · 등록신청서를 등기 · 등록관서에 접수하는 날까지 취득세를 신고 · 납부하여야 한다.

③ 등기 · 등록관서의 장은 취득세가 납부되지 아니하였거나 납부부족액을 발견하였을 때에는 다음 달 10일까지 납세지를 관할하는 시장 · 군수에게 통보하여야 한다.

④ 취득세 납세의무자가 신고 또는 납부의무를 다하지 아니하면 산출세액 또는 그 부족세액에 「지방세기본법」의 규정에 따라 산출한 가산세를 합한 금액을 세액으로 하여 보통징수의 방법으로 징수한다.

⑤ 납세의무자가 신고기한까지 취득세를 시가인정액으로 신고한 후 지방자치단체의 장이 세액을 경정하기 전에 시가인정액을 수정신고한 경우에는 과소신고가산세를 부과하지 아니한다.

06 지방세법상 취득세에 대한 설명으로 틀린 것은? 제28회

① 지방자치단체에 기부채납을 조건으로 부동산을 취득하는 경우라도 그 반대급부로 기부채납 대상물의 무상사용권을 제공받은 때에는 그 해당 부분에 대해서는 취득세를 부과한다.

② 상속(피상속인이 상속인에게 한 유언에 의한 증여 및 포괄유증과 신탁재산의 상속 포함)으로 인하여 취득하는 경우에는 상속인 각자가 상속받는 취득물건(지분을 취득하는 경우에는 그 지분에 해당하는 취득물건을 말함)을 취득한 것으로 본다.

③ 무상승계(상속은 제외) 취득의 경우에는 시가인정액을 취득세 과세표준으로 한다.

④ 무상승계 취득한 취득물건을 취득일에 등기 · 등록을 한 후 화해조서 · 인낙조서에 의하여 취득일로부터 60일 이내에 계약이 해제된 사실을 입증하는 경우에는 취득한 것으로 보지 아니한다.

⑤ 주택법 제2조 제3호에 따른 공동주택의 개수(건축법 제2조 제1항 제9호에 따른 대수선은 제외)로 인한 취득 중 개수로 인한 취득 당시 지방세법 제4조에 따른 주택의 시가표준액이 9억원 이하인 주택과 관련된 개수로 인한 취득에 대해서는 취득세를 부과하지 아니한다.

Answer   05. ①   06. ④

07 **지방세법상 취득세에 관한 설명으로 옳은 것은?** 제31회

① 국가 및 외국정부의 취득에 대해서는 취득세를 부과한다.

② 토지의 지목변경에 따른 취득은 토지의 지목이 사실상 변경된 날을 취득일로 본다.

③ 국가가 취득세 과세물건을 매각하면 매각일부터 60일 이내에 지방자치단체의 장에게 신고하여야 한다.

④ 법인이 아닌 자가 건축물을 건축하여 취득하는 경우 취득가격 중 100분의 80 이상이 법인장부에 따라 입증되는 경우 그 취득가격을 과세표준으로 한다.

⑤ 토지를 취득한 자가 그 취득한 날부터 1년 이내에 그에 인접한 토지를 취득한 경우 그 전후의 취득에 관한 토지의 취득을 1건의 토지 취득으로 보아 취득세에 대한 면세점을 적용한다.

08 **지방세법상 취득세에 관한 설명으로 틀린 것은?** 제32회

① 도시 및 주거환경정비법에 따른 재건축조합이 재건축사업을 하면서 조합원으로부터 취득하는 토지 중 조합원에게 귀속되지 아니하는 토지를 취득하는 경우에는 같은 법에 따른 소유권이전 고시일의 다음 날에 그 취득한 것으로 본다.

② 취득세 과세물건을 취득한 후에 그 과세물건이 중과세율의 적용대상이 되었을 때에는 취득한 날로부터 60일 이내에 중과세율을 적용하여 산출한 세액에서 이미 납부한 세액(가산세 포함)을 공제한 금액을 신고하고 납부하여야 한다.

③ 대한민국 정부기관의 취득에 대하여 과세하는 외국 정부의 취득에 대해서는 취득세를 부과한다.

④ 상속으로 인한 취득의 경우에는 상속개시일에 취득한 것으로 본다.

⑤ 부동산의 취득은 민법 등 관계 법령에 따른 등기·등록을 하지 아니한 경우라도 사실상 취득하면 취득한 것으로 본다.

09 지방세법령상 취득세에 관한 설명으로 틀린 것은? (단, 지방세특례제한법령은 고려하지 않음) 제35회

① 대한민국 정부기관의 취득에 대하여 과세하는 외국정부의 취득에 대해서는 취득세를 부과한다.

② 토지의 지목을 사실상 변경함으로써 그 가액이 증가한 경우에는 취득으로 본다.

③ 국가에 귀속의 반대급부로 영리법인이 국가 소유의 부동산을 무상으로 양여받는 경우에는 취득세를 부과하지 아니한다.

④ 영리법인이 취득한 임시흥행장의 존속기간이 1년을 초과하는 경우에는 취득세를 부과한다.

⑤ 신탁(「신탁법」에 따른 신탁으로서 신탁등기가 병행되는 것만 해당한다)으로 인한 신탁재산의 취득 중 주택조합 등과 조합원 간의 부동산 취득에 대해서는 취득세를 부과한다.

Answer 09. ③

MEMO

박문각 공인중개사

등록면허세

핵심기출문제 | **등록면허세 과세대상**

01 지방세법상 등록면허세가 과세되는 등록 또는 등기가 아닌 것은? (2025년 1월 1일 이후 등록 또는 등기한 것으로 가정함) 제29회
① 광업권의 취득에 따른 등록
② 외국인 소유의 선박을 직접 사용하기 위하여 연부취득 조건으로 수입하는 선박의 등록
③ 취득세 부과제척기간이 경과한 주택의 등기
④ 취득가액이 50만원 이하인 차량의 등록
⑤ 사실상 잔금지급일을 2025년 12월 1일로 하는 부동산(취득가액 1억원)의 소유권이전등기

02 지방세법령상 등록에 관한 등록면허세가 비과세되는 경우로 틀린 것은? 제34회
① 지방자치단체조합이 자기를 위하여 받는 등록
② 무덤과 이에 접속된 부속시설물의 부지로 사용되는 토지로서 지적공부상 지목이 묘지인 토지에 관한 등기
③ 회사의 정리 또는 특별청산에 관하여 법원의 촉탁으로 인한 등기(법인의 자본금 또는 출자금의 납입 증자 및 출자전환에 따른 등기 제외)
④ 대한민국의 정부기관의 등록에 대하여 과세하는 외국정부의 등록
⑤ 등기 담당 공무원의 착오로 인한 주소 등의 단순한 표시변경 등기

Answer 01. ⑤ 02. ④

핵심기출문제 | **과세표준과 세율**

01 지방세법상 등록면허세의 과세표준에 관한 설명으로 틀린 것은? 제21회
① 부동산에 관한 등록면허 과세표준의 신고가 없는 경우, 시가표준액을 과세표준으로 한다.
② 지상권 설정등기를 말소하는 경우에는 건수를 과세표준으로 한다.
③ 채권금액에 의해 과세액을 정하는 경우에 일정한 채권금액이 없을 때에는 채권의 목적이 된 것 또는 처분의 제한의 목적이 된 금액을 그 채권금액으로 본다.
④ 임차권 설정등기의 경우 월임대차금액을 과세표준으로 한다.
⑤ 법인이 국가로부터 취득한 부동산은 등기 당시에 자산재평가의 사유로 가액이 증가한 것이 그 법인장부로 입증되더라도 재평가 전의 가액을 과세표준으로 한다.

02 거주자인 개인 乙은 甲이 소유한 부동산(시가 6억원)에 전세기간 2년 전세보증금 3억원으로 하는 전세계약을 체결하고 전세권 설정등기를 하였다. 지방세법상 등록면허세에 관한 설명으로 옳은 것은? 제32회
① 과세표준은 6억원이다.
② 표준세율은 전세보증금의 1천분의 8이다.
③ 납부세액은 6천원이다.
④ 납세의무자는 乙이다.
⑤ 납세지는 甲의 주소지이다.

03 지방세법상 부동산 등기에 대한 등록면허세의 표준세율로 틀린 것은? (단, 표준세율을 적용하여 산출한 세액이 부동산 등기에 대한 그 밖의 등기 또는 등록세율보다 크다고 가정함) 제28회
① 전세권 설정등기: 전세금액의 1천분의 2
② 상속으로 인한 소유권 이전등기: 부동산가액의 1천분의 8
③ 지역권 설정 및 이전등기: 요역지 가액의 1천분의 2
④ 임차권 설정 및 이전등기: 임차보증금의 1천분의 2
⑤ 저당권 설정 및 이전등기: 채권금액의 1천분의 2

Answer 01. ⑤ 02. ④ 03. ④

04 지방세법상 부동산 등기에 대한 등록면허세의 표준세율로서 틀린 것은? (단, 부동산 등기에 대한 표준세율을 적용하여 산출한 세액이 그 밖의 등기 또는 등록세율보다 크다고 가정하며, 중과세 및 비과세와 지방세특례제한법은 고려하지 않음)

제31회

① 소유권 보존: 부동산 가액의 1천분의 8
② 가처분: 부동산 가액의 1천분의 2
③ 지역권 설정: 요역지 가액의 1천분의 2
④ 전세권 이전: 전세금액의 1천분의 2
⑤ 상속으로 인한 소유권 이전: 부동산 가액의 1천분의 8

05 지방세법령상 등록에 대한 등록면허세에 관한 설명으로 틀린 것은? (단, 지방세 관계법령상 감면 및 특례는 고려하지 않음)

제34회

① 같은 등록에 관계되는 재산이 둘 이상의 지방자치단체에 걸쳐 있어 등록면허세를 지방자치단체별로 부과할 수 없을 때에는 등록관청 소재지를 납세지로 한다.
② 지방자치단체의 장은 조례로 정하는 바에 따라 등록면허세 세율을 부동산 등기에 따른 표준세율의 100분의 50의 범위에서 가감할 수 있다.
③ 주택의 토지와 건축물을 한꺼번에 평가하여 토지나 건축물에 대한 과세표준이 구분되지 아니하는 경우에는 한꺼번에 평가한 개별주택가격을 토지나 건축물의 가액비율로 나눈 금액을 각각 토지와 건축물의 과세표준으로 한다.
④ 부동산의 등록에 대한 등록면허세의 과세표준은 등록자가 신고한 당시의 가액으로 하고 신고가 없거나 신고가액이 시가표준액보다 많은 경우에는 시가표준액으로 한다.
⑤ 채권자 대위자는 납세의무자를 대신하여 부동산의 등기에 대한 등록면허세를 신고·납부할 수 있다.

Answer 04. ② 05. ④

핵심기출문제 **부과 · 징수**

01 지방세법상 등록에 대한 등록면허세에 관한 설명으로 틀린 것은? 제33회

① 채권금액으로 과세액을 정하는 경우에 일정한 채권금액이 없을 때에는 채권의 목적이 된 것의 가액 또는 처분의 제한의 목적이 된 금액을 그 채권금액으로 본다.

② 같은 채권의 담보를 위하여 설정하는 둘 이상의 저당권을 등록하는 경우에는 이를 하나의 등록으로 보아 그 등록에 관계되는 재산을 처음 등록하는 등록관청 소재지를 납세지로 한다.

③ 부동산 등기에 대한 등록면허세의 납세지가 분명하지 아니한 경우에는 등록관청 소재지를 납세지로 한다.

④ 지상권 등기의 경우에는 특별징수의무자가 징수할 세액을 납부기한까지 부족하게 납부하면 특별징수의무자에게 과소납부분 세액의 100분의 1을 가산세로 부과한다.

⑤ 지방자치단체의 장은 채권자대위자의 부동산의 등기에 대한 등록면허세 신고 · 납부가 있는 경우 납세의무자에게 그 사실을 즉시 통보하여야 한다.

02 甲이 乙 소유 부동산에 관해 전세권설정등기를 하는 경우 지방세법상 등록에 대한 등록면허세에 관한 설명으로 틀린 것은? 제29회

① 등록면허세의 납세의무자는 전세권자인 甲이다.

② 부동산 소재지와 乙의 주소지가 다른 경우 등록면허세의 납세지는 乙의 주소지로 한다.

③ 전세권설정등기에 대한 등록면허세 표준세율은 전세금액의 1,000분의 2이다.

④ 전세권설정등기에 대한 등록면허세의 산출세액이 건당 6천원보다 적을 때에는 등록면허세의 세액은 6천원으로 한다.

⑤ 만약 丙이 甲으로부터 전세권을 이전 받아 등기하는 경우라면 등록면허세 납세의무자는 丙이다.

Answer 01. ④ 02. ②

03 다음 지방세 중 등록면허세에 대한 설명으로 잘못된 것은? 제21회

① 등기·등록이 된 이후 법원의 판결 등에 의해 그 등기 또는 등록이 무효 또는 취소가 되어 등기·등록이 말소된다 하더라도 이미 납부한 등록면허세는 과오납으로 환급할 수 없다.

② 등기 또는 등록에 대한 등록면허세는 재산권 등 그 밖의 권리를 등기 또는 등록하는 때에 납세의무가 성립한다.

③ 등록면허세는 모든 등록면허세의 표준세율에 대하여 조례가 정하는 바에 따라 100분의 50 범위 안에서 가감·조정할 수 있다.

④ 같은 채권의 담보를 위하여 설정하는 2 이상의 저당권의 등록에 있어서는 이를 하나의 등록으로 보아 그 등록에 관계되는 재산을 처음 등록하는 등록관청 소재지를 납세지로 한다.

⑤ 甲소유 미등기 건물에 대하여 乙이 채권확보를 위하여 법원의 판결에 의한 소유권 보존등기를 甲의 명의로 등기할 경우 등록면허세 납세의무자는 甲이다.

04 지방세법상 등록면허세에 관한 설명으로 틀린 것은? 제23회

① 등록면허세의 납세의무자가 신고를 하지 아니하고 등록을 하기 전까지 등록면허세를 납부한 경우 신고불성실 가산세를 징수한다.

② 등록면허세의 납세의무자는 재산권과 그 밖의 권리의 설정·변경 또는 소멸에 관한 사항을 공부에 등기 또는 등록을 하는 자이다.

③ 근저당권 설정등기의 경우 등록면허세의 납세의무자는 근저당권자이다.

④ 근저당권 말소등기의 경우 등록면허세의 납세의무자는 근저당권설정자 또는 말소대상 부동산의 현재 소유자이다.

⑤ 부동산 등기에 대한 등록면허세의 납세지는 부동산 소재지를 원칙으로 한다.

Answer 03. ③ 04. ①

05 지방세법상 등록면허세에 관한 설명으로 틀린 것은?
① 무덤과 이에 접속된 부속시설물의 부지로 사용되는 토지로서 지적공부상 지목이 묘지인 토지에 관한 등기에 대하여는 등록면허세를 부과하지 아니한다.
② 사실상의 취득가격을 등록면허세의 과세표준으로 하는 경우 등록 당시에 자산재평가의 사유로 그 가액이 달라진 때에는 자산재평가 전의 가액을 과세표준으로 한다.
③ 甲소유 미등기 건물에 대하여 乙이 채권확보를 위하여 법원의 판결에 의한 소유권보존등기를 甲의 명의로 등기할 경우 등록면허세 납세의무는 甲에게 있다.
④ 부동산 등기에 대한 등록면허세의 납세지는 부동산 소재지이나 그 납세지가 분명하지 아니한 경우에는 등록관청 소재지로 한다.
⑤ 등록면허세는 취득세와 같은 중가산세 규정을 적용하지 않는다.

06 지방세법상 등록면허세에 관한 설명으로 옳은 것은?
① 지방자치단체의 장은 등록면허세의 세율을 표준세율의 100분의 60의 범위에서 가감할 수 있다.
② 등록 당시에 감가상각의 사유로 가액이 달라진 경우 그 가액에 대한 증명여부에 관계없이 변경 전 가액을 과세표준으로 한다.
③ 부동산 등록에 대한 신고가 없는 경우 취득 당시 시가표준액의 100분의 110을 과세표준으로 한다.
④ 지목이 묘지인 토지의 등록에 대하여 등록면허세를 부과한다.
⑤ 부동산 등기에 대한 등록면허세의 납세지는 부동산 소재지로 하며, 납세지가 분명하지 아니한 경우에는 등록관청 소재지로 한다.

07 **지방세법상 등록면허세에 관한 설명으로 옳은 것은?** 제26회

① 부동산 등기에 대한 등록면허세 납세지는 부동산 소유자의 주소지이다.

② 등록을 하려는 자가 신고의무를 다하지 않은 경우 등록면허세 산출세액을 등록하기 전까지 납부하였을 때에는 신고·납부한 것으로 보지만 무신고 가산세가 부과된다.

③ 상속으로 인한 소유권 이전 등기의 세율은 부동산 가액의 1천분의 15로 한다.

④ 부동산을 등기하려는 자는 과세표준에 세율을 적용하여 산출한 세액을 등기를 하기 전까지 납세지를 관할하는 지방자치단체의 장에게 신고·납부하여야 한다.

⑤ 대도시 밖에 있는 법인의 본점이나 주사무소를 대도시로 전입함에 따른 등기는 법인등기에 대한 세율의 100분의 200을 적용한다.

08 **지방세법상 등록면허세에 관한 설명으로 틀린 것은?** 제28회

① 같은 등록에 관계되는 재산이 둘 이상의 지방자치단체에 걸쳐 있어 등록면허세를 지방자치단체별로 부과할 수 없을 때에는 등록관청 소재지를 납세지로 한다.

② 여신전문금융업법 제2조 제12호에 따른 할부금융업을 영위하기 위하여 대도시에서 법인을 설립함에 따른 등기를 할 때에는 그 세율을 해당 표준세율의 100분의 300으로 한다. 단, 그 등기일부터 2년 이내에 업종변경이나 업종추가는 없다.

③ 무덤과 이에 접속된 부속시설물의 부지로 사용되는 토지로서 지적공부상 지목이 묘지인 토지에 관한 등기에 대하여는 등록면허세를 부과하지 아니한다.

④ 재산권 기타 권리의 설정 변경 또는 소멸에 관한 사항을 공부에 등기 또는 등록을 받는 등기·등록부상에 기재된 명의자는 등록면허세를 납부할 의무가 있다.

⑤ 지방자치단체의 장은 조례로 정하는 바에 따라 등록면허세의 세율을 부동산 등기에 대한 표준세율의 100분의 50의 범위에서 가감할 수 있다.

Answer **07.** ④ **08.** ②

09 지방세법상 등록면허세에 관한 설명으로 틀린 것은?　　　제30회

① 부동산 등기에 대한 등록면허세의 납세지는 부동산 소재지이다.

② 등록을 하려는 자가 법정신고기한까지 등록면허세 산출세액을 신고하지 아니한 경우로서 등록을 하기 전까지 그 산출세액을 납부한 때에도 지방세기본법에 따른 무신고가산세가 부과된다.

③ 등기 담당 공무원의 착오로 인하여 지번의 오기에 대한 경정 등기에 대해서는 등록면허세를 부과하지 아니한다.

④ 채권금액으로 과세액을 정하는 경우에 일정한 채권금액이 없을 때에는 채권의 목적이 된 것의 가액 또는 처분의 제한의 목적이 된 금액을 그 채권금액을 본다.

⑤ 한국은행법 및 한국수출입은행법에 따른 은행업을 영위하기 위하여 대도시에서 법인을 설립함에 따라 등기를 한 법인이 그 등기일부터 2년 이내에 업종변경이나 업종 추가 없는 때에는 등록면허세의 세율을 중과하지 아니한다.

10 지방세법상 취득세 및 등록면허세에 관한 설명으로 옳은 것은?　　　제27회

① 취득세 과세물건을 취득한 후 중과세 세율 적용대상이 되었을 경우 30일 이내에 산출세액에서 이미 납부한 세액(가산세 포함)을 공제하여 신고·납부하여야 한다.

② 취득세 과세물건을 취득한 자가 재산권의 취득에 관한 사항을 등기하는 경우 등기한 후 30일 내에 취득세를 신고·납부하여야 한다.

③ 취득가격이 40만원인 부동산을 취득한 경우 등기·등록당시가액을 과세표준으로 하여 등록면허세를 부과한다.

④ 부동산 가압류에 대한 등록면허세의 세율은 부동산가액의 1천분의 2로 한다.

⑤ 등록하려는 자가 신고의무를 다하지 아니하고 등록면허세 산출세액을 등록하기 전까지(신고기한이 있는 경우 신고기한까지) 납부하였을 때에는 신고·납부한 것으로 본다.

11 지방세법상 취득세 또는 등록면허세의 신고·납부에 관한 설명으로 옳은 것은? (단, 비과세 및 지방세특례제한법은 고려하지 않음) <small>제31회</small>

① 상속으로 취득세 과세물건을 취득한 자는 상속개시일로부터 6개월 이내에 과세표준과 세액을 신고·납부하여야 한다.

② 취득세 과세물건을 취득한 후 중과세 대상이 되었을 때에는 표준세율을 적용하여 산출한 세액에서 이미 납부한 세액(가산세 포함)을 공제한 금액을 세액으로 하여 신고·납부하여야 한다.

③ 지목변경으로 인한 취득세 납세의무자가 신고를 하지 아니하고 매각하는 경우 산출세액에 100분의 80을 가산한 금액을 세액으로 하여 징수한다.

④ 등록을 하려는 자가 등록면허세 신고의무를 다하지 않고 산출세액을 등록 전까지 납부한 경우 지방세기본법에 따른 무신고가산세를 부과한다.

⑤ 등기·등록관서의 장은 등기 또는 등록 후에 등록면허세가 납부되지 아니하였거나 납부부족액을 발견한 경우에는 다음 달 10일까지 납세지를 관할하는 시장·군수·구청장에게 통보하여야 한다.

Answer 11. ⑤

MEMO

재산세

01 지방세법상 재산세 과세대상의 구분에 있어 주거용과 주거 외의 용도를 겸하는 건물 등에 관한 설명으로 옳은 것을 모두 고른 것은? 제33회

> ㉠ 1동(棟)의 건물이 주거와 주거 외의 용도로 사용되고 있는 경우에는 주거용으로 사용되는 부분만을 주택으로 본다.
> ㉡ 1구(構)의 건물이 주거와 주거 외의 용도로 사용되고 있는 경우 주거용으로 사용되는 면적이 전체의 100분의 60인 경우에는 주택으로 본다.
> ㉢ 주택의 부속토지의 경계가 명백하지 아니한 경우에는 그 주택의 바닥면적의 10배에 해당하는 토지를 주택의 부속토지로 한다.

① ㉠   ② ㉢   ③ ㉠, ㉡
④ ㉡, ㉢   ⑤ ㉠, ㉡, ㉢

02 지방세법상 재산세의 과세대상 및 납세의무자에 관한 설명으로 옳은 것은? (단, 비과세는 고려하지 않음) 제31회

① 신탁법에 따라 수탁자 명의로 등기·등록이 된 신탁재산의 경우 위탁자를 납세의무자로 한다.
② 토지와 주택에 대한 재산세 과세대상은 종합합산과세대상, 별도합산과세대상 및 분리과세대상으로 구분한다.
③ 국가가 선수금을 받아 조성하는 매매용 토지로서 사실상 조성이 완료된 토지의 사용권을 무상으로 받은 자는 재산세를 납부할 의무가 없다.
④ 주택 부속토지의 경계가 명백하지 아니한 경우 그 주택의 바닥면적의 20배에 해당하는 토지를 주택의 부속토지로 한다.
⑤ 재산세 과세대상인 건축물의 범위에는 주택을 포함한다.

Answer 01. ⑤ 02. ①

토지의 구분

01 지방세법상 토지에 대한 재산세를 부과함에 있어서 과세대상의 구분(종합합산과세대상, 별도합산과세대상, 분리과세대상)이 같은 것으로만 묶인 것은? 제25회

> ⊙ 1990년 5월 31일 이전부터 종중이 소유하고 있는 임야
> ○ 「체육시설의 설치 · 이용에 관한 법률 시행령」에 따른 회원제 골프장이 아닌 골프장용 토지 중 원형이 보전되는 임야
> ⓒ 과세기준일 현재 계속 염전으로 실제 사용하고 있는 토지
> ② 「도로교통법」에 따라 등록된 자동차운전학원의 자동차운전학원용 토지로서 같은 법에서 정하는 시설을 갖춘 구역 안의 토지

① ㉠, ㉡   ② ㉡, ㉢   ③ ㉡, ②
④ ㉠, ㉡, ㉢   ⑤ ㉠, ㉢, ②

02 지방세법상 재산세 종합합산대상 토지는? 제29회

① 「문화유산의 보존 및 활용에 관한 법률」에 따른 지정문화유산 안의 임야
② 국가가 국방상의 목적 외에는 그 사용 및 처분 등을 제한하는 공장 구내의 토지
③ 건축법 등 관계 법령에 따라 허가 등을 받아야 할 건축물로서 허가 등을 받지 아니한 공장용 건축물의 부속토지
④ 자연공원법에 따라 지정된 공원자연환경지구의 임야
⑤ 1989년 12월 31일 이전부터 소유하고 있는 개발제한구역의 지정 및 관리에 관한 특별조치법에 따른 개발제한구역의 임야

Answer   01. ③   02. ③

03 지방세법상 재산세의 과세대상 토지를 분류한 것이다. 틀린 것은? 제15회

① 1990년 5월 31일 이전부터 종중이 소유하고 있는 임야 : 분리과세대상
② 여객자동차 운수사업법 에 따라 면허 또는 인가를 받은 자가 계속하여 사용하는 여객자동차터미널용 토지 : 분리과세대상
③ 읍·면지역에 소재하는 공장용 건축물의 부속토지로서 법령 소정의 공장입지 기준면적 범위 안의 토지 : 별도합산 과세대상
④ 건축법 등 관계 법령에 따라 허가 등을 받아야 할 건축물로서 허가 등을 받지 아니한 건축물의 부속 토지 : 종합합산 과세대상
⑤ 건축물(공장용 건축물 제외)의 시가표준액이 해당 부속토지의 시가표준액의 100분의 2에 미달하는 건축물의 부속 토지 중 그 건축물의 바닥면적을 제외한 부속토지 : 종합합산과세대상

핵심기출문제 | 납세의무자

01 지방세법상 재산세의 납세의무자에 관한 설명으로 틀린 것은? 제21회

① 재산세 납세의무자인지의 해당 여부를 판단하는 기준 시점은 재산세 과세기준일 현재로 한다.
② 재산세 과세대상 재산의 공부상 소유자를 그 재산에 대한 재산세 납세의무자로 하는 경우가 있다.
③ 재산세 과세대상 재산의 사용자를 그 재산에 대한 재산세 납세의무자로 하는 경우가 있다.
④ 지방자치단체와 재산세 과세대상 재산을 연부로 매매계약을 체결하고 그 재산의 사용권을 무상으로 부여받은 경우, 그 매수계약자를 납세의무자로 한다.
⑤ 재산세 과세대상 재산을 여러 사람이 공유하는 경우, 관할 지방자치단체가 지정하는 공유자 중 1인을 납세의무자로 본다.

Answer 03. ③ / 01. ⑤

02 지방세법상 재산세의 납세의무자에 관한 설명으로 틀린 것은?

① 상속이 개시된 재산으로서 상속등기가 이행되지 아니하고 사실상의 소유자를 신고하지 아니하였을 경우: 「민법」상 상속지분이 가장 높은 상속자(상속지분이 가장 높은 상속자가 두 명 이상인 경우에는 그중 연장자)

② 「신탁법」에 따라 수탁자 명의로 등기·등록된 신탁재산의 경우로서 위탁자별로 구분된 재산: 그 수탁자

③ 국가가 선수금을 받아 조성하는 매매용 토지로서 사실상 조성이 완료된 토지의 사용권을 무상으로 받은 경우: 그 사용권을 무상으로 받은 자

④ 「도시개발법」에 따라 시행하는 환지방식에 의한 도시개발사업 및 「도시 및 주거환경정비법」에 따른 주택재개발사업의 시행에 따른 환지계획에서 일정한 토지를 환지로 정하지 아니하고 체비지로 정한 경우: 사업시행자

⑤ 공부상의 소유자가 매매 등의 사유로 소유권이 변동되었는데도 신고하지 아니하여 사실상의 소유자를 알 수 없을 때: 공부상 소유자

03 지방세법상 재산세 납세의무에 관한 설명으로 옳은 것은?

① 재산세 과세기준일 현재 소유권의 귀속이 분명하지 아니하여 사실상의 소유자를 확인할 수 없는 경우 그 사용자가 재산세를 납부할 의무가 있다.

② 주택의 건물과 부속토지의 소유자가 다를 경우 그 주택에 대한 산출세액을 건축물과 그 부속토지의 면적 비율로 안분계산한 부분에 대하여 그 소유자를 납세의무자로 본다.

③ 국가와 재산세 과세대상 재산을 연부로 매수계약을 체결하고 그 재산의 사용권을 무상으로 받은 경우 매도계약자가 재산세를 납부할 의무가 있다.

④ 공부상에 개인 등의 명의로 등재되어 있는 사실상의 종중 재산으로서 종중소유임을 신고하지 아니한 경우 종중을 납세의무자로 본다.

⑤ 공유재산인 경우 그 지분에 해당하는 부분에 대하여 그 지분권자를 납세의무자로 보되 지분의 표시가 없는 경우 공유자 중 최연장자를 납세의무자로 본다.

04 지방세법상 재산세의 과세대상 및 납세의무자에 관한 설명으로 틀린 것은?

제31회 변형

① 신탁법에 따라 수탁자 명의로 등기·등록이 된 신탁재산의 경우 위탁자를 납세의무자로 한다.
② 토지와 주택에 대한 재산세 과세대상은 종합합산과세대상, 별도합산과세대상 및 분리과세대상으로 구분한다.
③ 국가가 선수금을 받아 조성하는 매매용 토지로서 사실상 조성이 완료된 토지의 사용권을 무상으로 받은 자는 재산세를 납부할 의무가 있다.
④ 주택 부속토지의 경계가 명백하지 아니한 경우 그 주택의 바닥면적의 10배에 해당하는 토지를 주택의 부속토지로 한다.
⑤ 재산세 과세대상인 건축물의 범위에는 주택을 포함하지 아니한다.

05 지방세법상 재산세의 과세기준일 현재 납세의무자에 관한 설명으로 틀린 것은?

제28회

① 공유재산인 경우 그 지분에 해당하는 부분(지분의 표시가 없는 경우에는 지분이 균등한 것으로 봄)에 대해서는 그 지분권자를 납세의무자로 본다.
② 소유권의 귀속이 분명하지 아니하여 사실상의 소유자를 확인할 수 없는 경우에는 그 사용자가 납부할 의무가 있다.
③ 지방자치단체와 재산세 과세대상 재산을 연부로 매매계약을 체결하고 그 재산의 사용권을 무상으로 받은 경우에는 그 매수계약자를 납세의무자로 본다.
④ 공부상에 개인 등의 명으로 등재되어 있는 사실상의 종중 재산으로서 종중소유임을 신고하지 아니하였을 때에는 공부상 소유자를 납세의무자로 본다.
⑤ 상속이 개시된 재산으로서 상속등기가 이행되지 아니하고 사실상의 소유자를 신고하지 아니하였을 때에는 공동상속인 각자가 받았거나 받을 재산에 따라 납부할 의무를 진다.

Answer **04.** ② **05.** ⑤

06 지방세법상 2025년 재산세 과세기준일 현재 납세의무자가 아닌 것을 모두 것은?

> ㉠ 5월 31일에 재산세 과세대상 재산의 매매잔금을 수령하고 소유권 이전등기를 한 매도인
> ㉡ 공유물 분할등기가 이루어지지 아니한 공유토지의 지분권자
> ㉢ 신탁법에 따라 위탁자별로 구분되어 수탁자 명의로 등기·등록된 신탁재산의 수탁자
> ㉣ 도시환경정비사업시행에 따른 환지계획에서 일정한 토지를 환지로 정하지 아니하고 체비지로 정한 경우 종전 토지소유자

① ㉠, ㉢　　　　　② ㉡, ㉣　　　　　③ ㉠, ㉡, ㉣
④ ㉠, ㉢, ㉣　　　　⑤ ㉡, ㉢, ㉣

07 지방세법령상 재산세 과세기준일 현재 납세의무자로 틀린 것은?

① 공부상에 개인 등의 명의로 등재되어 있는 사실상의 종중재산으로서 종중소유임을 신고하지 아니하였을 경우: 종중
② 상속이 개시된 재산으로서 상속등기가 이행되지 아니하고 사실상의 소유자를 신고하지 아니하였을 경우: 행정안전부령으로 정하는 주된 상속자
③ 「도시 및 주거환경정비법」에 따른 정비사업(재개발사업만 해당한다)의 시행에 따른 환지계획에서 일정한 토지를 환지로 정하지 아니하고 체비지로 정한 경우: 사업시행자
④ 「채무자 회생 및 파산에 관한 법률」에 따른 파산선고 이후 파산종결의 결정까지 파산재단에 속하는 재산의 경우: 공부상 소유자
⑤ 지방자치단체와 재산세 과세대상 재산을 연부(年賦)로 매매계약을 체결하고 그 재산의 사용권을 무상으로 받은 경우: 그 매수계약자

Answer　　06. ④　　07. ①

핵심기출문제 | **과세표준**

01 지방세법상 재산세 과세표준에 관한 설명으로 옳은 것은? 제23회

① 단독주택의 재산세 과세표준은 토지·건물을 일체로 한 개별주택가격으로 한다.

② 건축물의 재산세 과세표준은 거래가격 등을 고려하여 시장·군수·구청장이 결정한 가액으로 한다.

③ 토지의 재산세 과세표준은 개별공시지가로 한다.

④ 공동주택(1세대 1주택이 아님)의 재산세 과세표준은 법령에 따른 시가표준액에 100분의 60을 곱하여 산정한 가액으로 한다.

⑤ 건축물의 재산세 과세표준은 법인의 경우 법인장부에 의해 증명되는 가격으로 한다.

핵심기출문제 | **세 율**

01 지방세법상 재산세의 표준세율에 관한 설명으로 틀린 것은? 제23회

① 주택에 대한 재산세의 세율은 4단계 초과누진세율이다.

② 고급주택 대한 재산세의 세율은 1천분의 40이다.

③ 종합합산과세대상 토지에 대한 재산세의 세율은 3단계 초과누진세율이다.

④ 시장·군수는 재해 등의 발생으로 세율 조정이 불가피하다고 인정되는 경우 조례로 정하는 바에 따라 표준세율의 100분의 50 범위에서 가감할 수 있지만, 가감한 세율은 해당 연도에만 적용한다.

⑤ 건축물에 대한 재산세의 산출세액이 법령으로 정하는 방법에 따라 계산한 직전연도의 해당 재산에 대한 재산세액 상당액의 100분의 150을 초과하는 경우에는 100분의 150에 해당하는 금액을 해당연도에 징수할 세액으로 한다.

Answer 1. ④ / 01. ②

02 지방세법상 재산세 과세대상에 대한 표준세율 적용에 관한 설명으로 틀린 것은?

제27회

① 납세의무자가 해당 지방자치단체 관할구역에 소유하고 있는 종합합산과세대상 토지의 가액을 모두 합한 금액을 과세표준으로 하여 종합합산과세대상의 세율을 적용한다.

② 납세의무자가 해당 지방자치단체 관할구역에 소유하고 있는 별도합산과세대상 토지의 가액을 모두 합한 금액을 과세표준으로 하여 별도합산과세대상의 세율을 적용한다.

③ 분리과세대상이 되는 해당 토지의 가액을 과세표준으로 하여 분리과세대상의 세율을 적용한다.

④ 납세의무자가 해당 지방자치단체 관할구역에 2개 이상의 주택을 소유하고 있는 경우 그 주택의 가액을 모두 합한 금액을 과세표준으로 하여 주택의 세율을 적용한다.

⑤ 주택에 대한 토지와 건물의 소유자가 다를 경우 해당 주택의 토지와 건물의 가액을 합산한 과세표준에 주택의 세율을 적용한다.

03 지방세법상 분리과세대상 토지 중 재산세 표준세율이 다른 하나는? 제20회

① 과세기준일 현재 특별시지역의 도시지역 안의 녹지지역에서 실제 영농에 사용되고 있는, 개인이 소유하는 전(田)

② 1990년 5월 31일 이전부터 관계법령에 의한 사회복지 사업자가 복지시설의 소비용(消費用)에 공(供)하기 위하여 소유하는 농지

③ 산림의 보호육성을 위하여 필요한 임야로서 자연공원 법에 의하여 지정된 공원자연환경지구 안의 임야

④ 1990년 5월 31일 이전부터 종중이 소유하고 있는 임야

⑤ 과세기준일 현재 계속 염전으로 실제 사용하고 있는 토지

04 다음 중 지방세법상 가장 높은 재산세 표준세율이 적용되는 것은? 제24회

① 골프장용 토지
② 읍·지역 소재 공장용 건축물의 부속토지
③ 고급주택
④ 별도합산과세대상 차고용 토지
⑤ 종합합산과세대상 무허가 건축물의 부속토지

05 지방세법상 재산세 표준세율이 초과누진세율로 되어 있는 재산세 과세대상을 모두 고른 것은? 제30회

> ㉠ 별도합산과세대상 토지
> ㉡ 분리과세대상 토지
> ㉢ 광역시(군 지역은 제외) 지역에서 국토의 계획 및 이용에 관한 법령에 따라 지정된 주거 지역의 대통령령으로 정하는 공장용 건축물
> ㉣ 주택

① ㉠, ㉡   ② ㉠, ㉢   ③ ㉠, ㉣
④ ㉡, ㉢   ⑤ ㉢, ㉣

Answer   04. ①   05. ③

06 지방세법령상 재산세의 표준세율에 관한 설명으로 틀린 것은? (단, 지방세관계법령상 감면 및 특례를 고려하지 않음)   제34회

① 법령에서 정하는 고급선박 및 고급오락장용 건축물의 경우 고급선박의 표준세율이 고급오락장용 건축물의 표준세율보다 높다.

② 특별시 지역에서 국토의 계획 및 이용에 관한 법률과 그 밖의 관계 법령에 따라 지정된 주거지역 및 해당 지방자치단체의 조례로 정하는 지역의 대통령령으로 정하는 공장용 건축물의 표준세율은 과세표준의 1천분의 5이다.

③ 주택(법령으로 정하는 1세대 1주택이 아님)의 경우 표준세율은 최저 1천분의 1에서 최고 1천분의 4까지 4단계 초과누진세율로 적용한다.

④ 항공기의 표준세율은 1천분의 3으로 법령에서 정하는 고급선박을 제외한 그 밖의 선박의 표준세율과 동일하다.

⑤ 지방자치단체의 장은 특별한 재정수요나 재해 등의 발생으로 재산세의 세율조정이 불가피하다고 인정되는 경우 조례로 정하는 바에 따라 표준세율의 100분의 50의 범위에서 가감할 수 있다. 다만, 가감한 세율은 해당 연도를 포함하여 3년간 적용한다.

07 지방세법상 재산세의 과세표준과 세율에 관한 설명으로 옳은 것은?   제22회

① 지방자치단체의 장은 세율조정이 불가피하다고 인정되는 경우 조례로 정하는 바에 따라 표준세율의 100분의 50의 범위에서 가감할 수 있으며, 가감한 세율은 5년간 적용한다.

② 「건축법 시행령」에 따른 다가구주택은 1가구가 독립하여 구분사용 할 수 있도록 분리된 부분을 1구의 주택으로 보며, 이 경우 그 부속토지는 건물면적의 비율에 따라 각각 나눈 면적을 1구의 부속토지로 본다.

③ 고급주택은 1천분의 40, 그 밖의 주택은 누진세율을 적용한다.

④ 토지와 건물의 소유자가 다른 주택에 대해 세율을 적용할 때 해당 주택의 토지와 건물의 가액을 소유자별로 구분계산한 과세표준에 해당 세율을 적용한다.

⑤ 토지의 경우 재산세 과세표준은 과세기준일 현재 개별공시지가이다.

08 지방세법상 재산세의 과세표준과 세율에 관한 설명으로 옳은 것을 모두 고른 것은? (단, 법령에 따른 재산세의 경감은 고려하지 않음) 제31회 수정

> ㉠ 지방자치단체의 장은 조례로 정하는 바에 따라 표준세율의 100분의 50의 범위에서 가감할 수 있으며, 가감한 세율은 해당 연도부터 3년간 적용한다.
> ㉡ 법령이 정한 고급오락장용 토지의 표준세율은 1천분의 40이다.
> ㉢ 토지의 과세표준은 법령에 따른 시가표준액에 공정시장가액비율(시가표준액의 100분의 70)을 곱하여 산정한 가액으로 한다.

① ㉠   ② ㉢   ③ ㉠, ㉡
④ ㉡, ㉢   ⑤ ㉠, ㉡, ㉢

핵심기출문제 | **비과세**

01 지방세법상 재산세의 비과세 대상이 아닌 것은? (단, 아래의 답 항별로 주어진 자료 외의 비과세요건은 충족된 것으로 가정함) 제28회

① 임시로 사용하기 위하여 건축된 건축물로서 재산세 과세기준일 현재 1년 미만의 것

② 재산세를 부과하는 해당 연도에 철거하기로 계획이 확정되어 재산세 과세기준일 현재 행정관청으로부터 철거 명령을 받은 주택과 그 부속토지인 대지

③ 농업용 구거와 자연유수의 배수처리에 제공되는 구거

④ 군사기지 및 군사시설 보호법에 따른 군사기지 및 군사시설 보호구역 중 통제보호구역에 있는 토지(전 · 답 · 과수원 및 대지는 제외)

⑤ 도로법에 따른 도로와 그 밖에 일반인의 자유로운 통행을 위하여 제공할 목적으로 개설한 사설도로(건축법 시행령 제80조의 2에 따른 대지 안의 공지는 제외)

02 지방세법상 재산세 비과세 대상에 해당하는 것은? (단, 주어진 조건 외에는 고려하지 않음)

① 지방자치단체가 1년 이상 공용으로 사용하는 재산으로 유료로 사용하는 재산

② 한국농어촌공사 및 농지관리기금법에 따라 설립된 한국농어촌공사가 같은 법에 따라 농가에 공급하기 위하여 소유하는 농지

③ 공간정보의 구축 및 관리에 관한 법률에 따른 제방으로서 특정인이 전용하는 제방

④ 군사기지 및 군사시설보호법에 따른 군사기지 및 군사시설보호구역에 있는 전·답

⑤ 산림자원의 조성 및 관리에 관한 법률에 따라 지정된 채종림, 시험림

핵심기출문제 | **부과·징수**

01 지방세법상 재산세 징수에 관한 설명으로 틀린 것은?

① 납세의무자는 재산세의 납부세액이 1천만원을 초과하는 경우, 납부할 세액의 전부를 분납할 수 있다.

② 고지서 1매당 재산세로 징수할 세액이 2,000원 미만인 경우에는 해당 재산세를 징수하지 아니한다.

③ 납세의무자는 재산세의 납부세액이 1천만원을 초과하는 경우, 당해 지방자치단체의 관할구역 안에 소재하는 부동산에 한하여 법령이 정하는 바에 따라 물납할 수 있다.

④ 토지분 재산세의 납기는 매년 9월 16일부터 9월 30일까지이다.

⑤ 보통징수방법에 의하여 부과·징수한다.

Answer 02. ⑤ / 01. ①

02 지방세법상 재산세의 부과·징수에 관한 설명으로 틀린 것을 모두 고른 것은?

제22회

> ㉠ 해당 연도에 부과할 토지분 재산세액이 10만원 이하인 경우, 조례로 정하는 바에 따라 납기를 7월 16일부터 7월 31일까지로 하여 한꺼번에 부과·징수할 수 있다.
> ㉡ 지방자치단체의 장은 과세대상의 누락 등으로 이미 부과한 재산세액을 변경하여야 할 사유가 발생하더라도 수시로 부과·징수할 수 없다.
> ㉢ 재산세 물납을 허가하는 부동산의 가액은 매년 12월 31일 현재의 시가로 평가한다.

① ㉠   ② ㉡   ③ ㉠, ㉢
④ ㉡, ㉢   ⑤ ㉠, ㉡, ㉢

03 지방세법상 재산세 부과·징수에 관한 설명으로 틀린 것은?

제26회

① 해당 연도에 주택에 부과할 세액이 100만원인 경우 납기를 7월 16일부터 7월 31일까지로 하여 한꺼번에 부과·징수한다.
② 재산세를 징수하려면 토지, 건축물, 주택, 선박 및 항공기로 각각 구분된 납세고지서에 과세표준과 세액을 적어 늦어도 납기개시 5일 전까지 발급하여야 한다.
③ 토지에 대한 재산세는 납세의무자별로 한 장의 납세고지서로 발급하여야 한다.
④ 재산세는 관할 지방자치단체의 장이 세액을 산정하여 보통징수의 방법으로 부과·징수한다.
⑤ 고지서 1장당 징수할 세액이 2천원 미만인 경우에는 해당 재산세를 징수하지 아니한다.

Answer   **02.** ⑤   **03.** ①

04 지방세법령상 재산세의 부과·징수에 관한 설명으로 틀린 것은? 제34회

① 주택에 대한 재산세의 경우 해당 연도에 부과·징수할 세액의 2분의 1은 매년 7월 16일부터 7월 31일까지 나머지 2분의 1은 9월 16일부터 9월 30일까지를 납기로 한다. 다만, 해당 연도에 부과할 세액이 20만원 이하인 경우에는 조례로 정하는 바에 따라 납기를 9월 16일부터 9월 30일까지로 하여 한꺼번에 부과·징수할 수 있다.

② 재산세는 관할 지방자치단체의 장이 세액을 산정하여 보통징수의 방법으로 부과·징수한다.

③ 재산세를 징수하려면 토지·건축물·주택·선박·항공기로 구분한 납세고지서에 과세표준과 세액을 적어 늦어도 납기개시 5일 전까지 발급하여야 한다.

④ 재산세의 과세기준일은 매년 6월 1일로 한다.

⑤ 고지서 1장당 재산세로 징수할 세액이 2천원 미만인 경우에는 해당 재산세를 징수하지 아니한다.

05 거주자 甲은 2025년 2월 10일 거주자 乙로부터 국내 소재 상업용 건축물(오피스텔 아님)을 취득하고, 2025년 10월 현재 소유하고 있다. 이 경우 2025년도분 甲의 재산세에 관한 설명으로 틀린 것은? (단, 사기나 그 밖의 부정한 행위 및 수시부과사유는 없음) 제23회

① 甲의 재산세 납세의무는 2025년 6월 1일에 성립한다.

② 甲의 재산세 납세의무는 과세표준과 세액을 지방자치단체에 신고하여 확정된다.

③ 甲의 건축물분에 대한 재산세 납기는 2025년 7월 16일부터 7월 31일까지이다.

④ 甲의 재산세 납세의무는 2030년 5월 31일까지 지방자치단체가 부과하지 아니하면 소멸한다.

⑤ 甲의 재산세 납부세액이 1천만원을 초과하는 경우에는 물납신청이 가능하다.

Answer 04. ① 05. ②

06 지방세법상 재산세 납부에 관한 설명으로 틀린 것은?　　　제24회

① 건축물에 대한 재산세 납기는 매년 7월 16일부터 7월 31일까지이다.

② 주택에 대한 재산세(해당 연도에 부과할 세액이 20만원을 초과함)의 납기는 해당 연도에 부과·징수할 세액의 2분의 1은 매년 7월 16일부터 7월 31일까지, 나머지 2분의 1은 9월 16일부터 9월 30일까지이다.

③ 지방자치단체의 장은 재산세 납부세액이 1천만원을 초과하는 경우 납세의무자의 신청을 받아 관할구역에 관계없이 해당 납세자의 부동산에 대하여 법령으로 정하는 바에 따라 물납을 허가할 수 있다.

④ 재산세 납부세액이 1천만원을 초과하여 재산세를 물납 하려는 자는 법령으로 정하는 서류를 갖추어 그 납부기한 10일 전까지 납세지를 관할하는 시장·군수에게 신청 하여야 한다.

⑤ 재산세 납부세액이 250만원을 초과하여 재산세를 분할 납부하려는 자는 재산세 납부기한까지 법령으로 정하는 신청서를 시장·군수에게 제출하여야 한다.

07 지방세법상 재산세의 부과·징수에 관한 설명으로 틀린 것은?　　　제25회

① 재산세는 관할지방자치단체의 장이 세액을 산정하여 보통징수의 방법으로 부과·징수한다.

② 고지서 1장당 재산세로 징수할 세액이 2천원 미만인 경우에는 해당 재산세를 징수하지 아니한다.

③ 개인이 주택을 소유한 경우로서 주택의 공시가격이 6억원인 경우 세부담상한은 100분의 150이다.

④ 소방분 지역자원시설세의 납기와 재산세의 납기가 같을 때에는 재산세의 납세고지서에 나란히 적어 고지할 수 있다.

⑤ 신탁재산의 위탁자가 재산세 등을 체납한 경우로서 그 위탁자의 다른 재산세 대하여 체납처분을 하여도 징수할 금액에 미치지 못 할 때에도 해당 신탁재산의 수탁자는 그 신탁재산으로써 위탁자의 재산세 등을 납부할 의무가 있다.

Answer　　**06.** ③　**07.** ③

08 지방세법상 2025년도 귀속 재산세의 부과·징수에 관한 설명으로 틀린 것은? (단, 세액변경이나 수시부과사유는 없음)

① 토지분 재산세 납기는 매년 9월 16일부터 9월 30일까지이다.

② 선박분 재산세 납기는 매년 7월 16일부터 7월 31일까지이다.

③ 재산세를 징수하려면 재산세 납세고지서를 납기개시 5일 전까지 발급하여야 한다.

④ 주택분 재산세로서 해당 연도에 부과할 세액이 20만원 이하인 경우 9월 30을 납기로 한꺼번에 부과·징수한다.

⑤ 재산세를 물납하려는 자는 납부기한 10일 전까지 납세지를 관할하는 시장·군수·구청장에게 물납을 신청하여야 한다.

핵심기출문제 **재산세 종합문제**

---

01 지방세법상 재산세에 관한 설명으로 틀린 것은?

① 재산세의 과세표준을 시가표준액에 공정시장가액비율을 곱하여 산정할 수 있는 대상은 토지와 주택에 한한다.

② 지방자치단체가 유료로 공공용에 사용하는 개인 소유의 토지에는 재산세를 부과한다.

③ 시장·군수는 과세대상의 누락으로 인하여 이미 부과한 재산세액을 변경하여야 할 사유가 발생한때에는 이를 수시로 부과·징수할 수 있다.

④ 재산세는 법정요건을 충족하면 조례에 의해 표준세율의 100분의 50의 범위 안에서 가감조정할 수 있다.

⑤ 재산세는 법령이 정하는 바에 따라 세부담의 상한이 적용된다.

Answer 08. ④ / 01. ①

02 **지방세법상 재산세에 관한 설명으로 옳은 것은?**   제27회

① 과세기준일은 매년 7월 1일이다.

② 주택의 정기분 납부세액이 50만원인 경우 세액의 2분의 1은 7월 16일부터 7월 31일까지, 나머지는 10월 16일부터 10월 31일까지를 납기로 한다.

③ 토지의 정기분 납부세액이 9만원인 경우 조례에 따라 납기를 7월 16일부터 7월 31일까지로 하여 한꺼번에 부과·징수할 수 있다.

④ 과세기준일 현재 공부상의 소유자가 매매로 소유권이 변동되었는데도 신고하지 아니하여 사실상의 소유자를 알 수 없는 경우 그 공부상의 소유자가 아닌 사용자에게 재산세 납부의무가 있다.

⑤ 지방자치단체의 장은 재산세의 납부세액이 250만원을 초과하는 경우 법령에 따라 납부할 세액의 일부를 납부기한이 지난날부터 3개월 이내에 분납하게 할 수 있다.

03 **지방세법상 재산세에 관한 설명으로 옳은 것은?**   제30회

① 건축물에 대한 재산세의 납기는 매년 9월 16일에서 9월 30일이다.

② 재산세의 과세대상 물건이 공부상 등재현황과 사실상의 현황이 다른 경우에는 공부상 등재 현황에 따라 재산세를 부과한다.

③ 주택에 대한 재산세는 납세의무자별로 해당 지방자치단체의 관할구역에 있는 주택의 과세표준을 합산하여 주택의 세율을 적용한다.

④ 지방자치단체의 장은 재산세의 납부세액(재산세 도시지역분 포함)이 1천만원을 초과하는 경우에는 납세의무자의 신청을 받아 해당 지방자치단체의 관할구역에 있는 부동산에 대하여만 대통령령으로 정하는 바에 따라 물납을 허가 할 수 있다.

⑤ 건축물에 대한 재산세 과세표준은 시가표준액의 100분의 60으로 한다.

04 지방세법령상 재산세에 관한 설명으로 옳은 것은? (단, 주어진 조건 외에는 고려하지 않음)

제35회

① 특별시 지역에서 「국토의 계획 및 이용에 관한 법률」에 따라 지정된 주거지역의 대통령령으로 정하는 공장용 건축물의 표준세율은 초과누진세율이다.

② 수탁자 명의로 등기·등록된 신탁재산의 수탁자는 과세기준일부터 15일 이내에 그 소재지를 관할하는 지방자치단체의 장에게 그 사실을 알 수 있는 증거자료를 갖추어 신고하여야 한다.

③ 주택의 토지와 건물 소유자가 다를 경우 해당 주택에 대한 세율을 적용할 때 해당 주택의 토지와 건물의 가액을 소유자별로 구분계산한 과세표준에 세율을 적용한다.

④ 주택의 재산세로서 해당 연도에 부과할 세액이 20만원 이하인 경우에는 납기를 9월 16일부터 9월 30일까지로 하여 한꺼번에 부과·징수할 수 있다.

⑤ 지방자치단체의 장은 과세대상의 누락으로 이미 부과한 재산세액을 변경하여야 할 사유가 발생하여도 수시로 부과·징수할 수 없다.

Answer 04. ②

01 지방세법상 재산세의 물납에 관한 설명으로 틀린 것은? 제28회

① 지방세법상 물납의 신청 및 허가 요건을 충족하고 재산세(재산세 도시지역 분
포함)의 납부세액이 1천만원을 초과하는 경우 물납이 가능하다.

② 서울특별시 강남구와 경기도 성남시에 부동산을 소유하고 있는 자의 성남시
소재 부동산에 대하여 부과된 재산세의 물납은 성남시 내에 소재하는 부동산
만 가능하다.

③ 물납허가를 받은 부동산을 행정안전부령이 정하는 바에 따라 물납을 한 때에
는 납부기한 내 납부한 것으로 본다.

④ 물납하려는 자는 행정안전부령으로 정하는 서류를 갖추어 그 납부기한 10일
전까지 납세지를 관할하는 시장·군수·구청장에게 신청하여야 한다.

⑤ 물납 신청 후 불허가 통지를 받은 경우에 해당 시·군·구의 다른 부동산으로
의 변경신청은 허용되지 않으며 금전으로만 납부하여야 한다.

02 지방세법상 재산세에 관한 설명으로 틀린 것은? (단, 주어진 조건 외에는 고려하지
않음) 제32회

① 토지에 대한 재산세의 과세표준은 시가표준액에 공정시장가액비율(100분의
70)을 곱하여 산정한 가액으로 한다.

② 지방자치단체가 1년 이상 공용으로 사용하는 재산으로서 유료로 사용하는 경
우에는 재산세를 부과한다.

③ 재산세 물납신청을 받은 시장·군수·구청장이 물납을 허가하는 경우 물납을
허가하는 부동산의 가액은 물납허가일 현재의 시가로 한다.

④ 주택의 토지와 건물 소유자가 다를 경우 해당 주택에 대한 세율을 적용할 때 해
당 주택의 토지와 건물의 가액을 합산한 과세표준에 주택의 세율을 적용한다.

⑤ 소방분 지역자원시설세의 경우 납기가 재산세 납기와 같은 경우 재산세에 나
란히 적어 고지할 수 있고 재산세를 분할 납부하는 경우 소방분 지역자원시설
세도 분할 납부할 수 있다.

03 지방세법령상 재산세의 물납에 관한 설명으로 옳은 것을 모두 고른 것은? 제35회

> ㉠ 지방자치단체의 장은 재산세의 납부세액이 1천만원을 초과하는 경우에는 납세의무자의 신청을 받아 해당 지방자치단체의 관할구역에 있는 부동산에 대하여만 대통령령으로 정하는 바에 따라 물납을 허가할 수 있다.
> ㉡ 시장·군수·구청장은 법령에 따라 불허가 통지를 받은 납세의무자가 그 통지를 받은 날부터 10일 이내에 해당 시·군·구의 관할구역에 있는 부동산으로서 관리·처분이 가능한 다른 부동산으로 변경 신청하는 경우에는 변경하여 허가할 수 있다.
> ㉢ 물납을 허가하는 부동산의 가액은 물납 허가일 현재의 시가로 한다.

① ㉠   ② ㉢   ③ ㉠, ㉡
④ ㉡, ㉢   ⑤ ㉠, ㉡, ㉢

Answer 03. ③

CHAPTER

05

종합부동산세

01 종합부동산세법상 종합부동산세의 과세대상이 아닌 것을 모두 고른 것은? 제24회

> ㉠ 종중이 1990년 1월부터 소유하는 농지
> ㉡ 1990년 1월부터 소유하는 「수도법」에 따른 상수원보호구역의 임야
> ㉢ 「지방세법」에 따라 재산세가 비과세되는 토지
> ㉣ 취득세 중과대상인 고급오락장용 건축물

① ㉠, ㉡   ② ㉡, ㉢   ③ ㉢, ㉣
④ ㉠, ㉡, ㉢   ⑤ ㉠, ㉡, ㉢, ㉣

02 종합부동산세의 과세기준일 현재 과세대상 자산이 아닌 것을 모두 고른 것은? (단, 주어진 조건 외에는 고려하지 않음) 제26회

> ㉠ 여객자동차운송사업 면허를 받은 자가 그 면허에 따라 사용하는 차고용 토지(자동차운송사업의 최저보유차고면적기준의 1.5배에 해당하는 면적 이내의 토지)의 공시가격이 100억원인 경우
> ㉡ 국내에 있는 부부공동명의(지분비율이 동일함)로 된 1세대 1주택의 공시가격이 10억원인 경우
> ㉢ 공장용 건축물
> ㉣ 회원제 골프장용 토지(회원제 골프장업의 등록시 구분등록의 대상이 되는 토지)의 공시가격이 100억원인 경우

① ㉠, ㉡   ② ㉢, ㉣   ③ ㉠, ㉡, ㉢
④ ㉠, ㉢, ㉣   ⑤ ㉡, ㉢, ㉣

Answer   01. ⑤   02. ⑤

03 종합부동산세법령상 주택의 과세표준 계산과 관련한 내용으로 틀린 것은? (단, 2025년 납세의무 성립분임) 제34회

① 대통령령으로 정하는 1세대 1주택자(공동명의 1주택자 제외)의 경우 주택에 대한 종합부동산세의 과세표준은 납세의무자별로 주택의 공시가격을 합산한 금액에서 12억원을 공제한 금액에 100분의 60을 곱한 금액으로 한다. 다만, 그 금액이 영보다 작은 경우에는 영으로 본다.

② 대통령령으로 정하는 다가구 임대주택으로서 임대기간, 주택수, 가격, 규모 등을 고려하여 대통령령으로 정하는 주택은 과세표준 합산대상이 되는 주택의 범위에 포함되지 아니하는 것으로 본다.

③ 1주택(주택의 부속토지만을 소유한 경우는 제외)과 다른 주택의 부속토지(주택의 건물과 부속토지의 소유자가 다른 경우의 그 부속토지)을 함께 소유하고 있는 경우는 1세대 1주택자로 본다.

④ 혼인으로 인한 1세대 2주택의 경우 납세의무자가 해당 연도 9월 16일부터 9월 30일까지 관할 세무서장에게 합산배제를 신청하면 1세대 1주택자로 본다.

⑤ 2주택을 소유하여 1천분의 27의 세율이 적용되는 법인의 경우 주택에 대한 종합부동산세의 과세표준은 납세의무자별로 주택의 공시가격을 합산한 금액에서 0원을 공제한 금액에 100분의 60을 곱한 금액으로 한다. 다만, 그 금액이 영보다 작은 경우에는 영으로 본다.

04 종합부동산세법령상 주택에 대한 과세에 관한 설명으로 옳은 것은? 제35회

① 「신탁법」 제2조에 따른 수탁자의 명의로 등기된 신탁주택의 경우에는 수탁자가 종합부동산세를 납부할 의무가 있으며, 이 경우 수탁자가 신탁주택을 소유한 것으로 본다.

② 법인이 2주택을 소유한 경우 종합부동산세의 세율은 1천분의 50을 적용한다.

③ 거주자 甲이 2024년부터 보유한 3주택(주택 수 계산에서 제외되는 주택은 없음) 중 2주택을 2025.6.17.에 양도하고 동시에 소유권이전등기를 한 경우, 甲의 2025년도 주택분 종합부동산세액은 3주택 이상을 소유한 경우의 세율을 적용하여 계산한다.

④ 신탁주택의 수탁자가 종합부동산세를 체납한 경우 그 수탁자의 다른 재산에 대하여 강제징수하여도 징수할 금액에 미치지 못할 때에는 해당 주택의 위탁자가 종합부동산세를 납부할 의무가 있다.

⑤ 공동명의 1주택자인 경우 주택에 대한 종합부동산세의 과세표준은 주택의 시가를 합산한 금액에서 11억원을 공제한 금액에 100분의 50을 한도로 공정시장가액비율을 곱한 금액으로 한다.

Answer 03. ④ 04. ③

01 종합부동산세법상 토지 및 주택에 대한 과세와 부과·징수에 관한 설명으로 옳은 것은? 제33회

① 종합합산과세 대상인 토지에 대한 종합부동산세의 세액은 과세표준에 1%~ 5%의 세율을 적용하여 계산한 금액으로 한다.

② 종합부동산세로 납부해야 할 세액이 200만원인 경우 관할세무서장은 그 세액의 일부를 납부기한이 지난 날부터 6개월 이내에 분납하게 할 수 있다.

③ 관할세무서장이 종합부동산세를 징수하려면 납부기간개시 5일 전까지 주택분과 토지분을 합산한 과세표준과 세액을 납부고지서에 기재하여 발급하여야 한다.

④ 종합부동산세를 신고·납부방식으로 납부하고자 하는 납세의무자는 종합부동산세의 과세표준과 세액을 해당 연도 12월 1일부터 12월 15일까지 관할세무서장에게 신고하여야 한다.

⑤ 별도합산과세대상인 토지에 대한 종합부동산세의 세액은 과세표준에 0.5%~ 0.8%의 세율을 적용하여 계산한 금액으로 한다.

02 2025년 귀속 토지분 종합부동산세액에 관한 설명으로 옳은 것은? (단, 감면과 비과세와 지방세 특례제한법 또는 조세특례제한법은 고려하지 않음) 제32회

① 재산세 과세대상 중 분리과세대상 토지는 종합부동산세 과세대상이다.

② 종합부동산세의 분납은 허용되지 않는다.

③ 종합부동산세의 물납은 허용되지 않는다.

④ 납세자에게 부정행위가 없으며 특례제척기간에 해당하지 않는 경우 원칙적으로 납세의무 성립일로부터 3년이 지나면 종합부동산세를 부과할 수 없다.

⑤ 별도합산과세대상인 토지의 재산세로 부과된 세액이 세부담상한을 적용받은 경우 그 상한을 적용받기 전의 세액을 별도합산과세대상 토지분 종합부동산세액에서 공제한다.

Answer 01. ④ 02. ③

03 종합부동산세법령상 토지에 대한 과세에 관한 설명으로 옳은 것은? 제35회

① 토지분 재산세의 납세의무자로서 종합합산과세대상 토지의 공시가격을 합한 금액이 5억원인 자는 종합부동산세를 납부할 의무가 있다.

② 토지분 재산세의 납세의무자로서 별도합산과세대상 토지의 공시가격을 합한 금액이 80억원인 자는 종합부동산세를 납부할 의무가 있다.

③ 토지에 대한 종합부동산세는 종합합산과세대상, 별도합산과세대상 그리고 분리과세대상으로 구분하여 과세한다.

④ 종합합산과세대상인 토지에 대한 종합부동산세의 과세표준은 해당 토지의 공시가격을 합산한 금액에서 5억원을 공제한 금액에 100분의 50을 한도로 공정시장가액비율을 곱한 금액으로 한다.

⑤ 별도합산과세대상인 토지의 과세표준 금액에 대하여 해당 과세대상 토지의 토지분 재산세로 부과된 세액(「지방세법」에 따라 가감조정된 세율이 적용된 경우에는 그 세율이 적용된 세액, 같은 법에 따라 세부담 상한을 적용받은 경우에는 그 상한을 적용받은 세액을 말한다)은 토지분 별도합산세액에서 이를 공제한다.

04 종합부동산세법상 종합부동산세에 관한 설명으로 틀린 것은? 제21회

① 종합부동산세의 과세대상인 주택의 범위는 재산세의 과세대상인 주택의 범위와 다르다.

② 관할세무서장은 종합부동산세로 납부하여야 할 세액이 250만원을 초과하는 경우, 법령에 따라 분납하게 할 수 있다.

③ 과세기준일 현재 만 60세 이상인 자가 보유하고 있는 종합부동산세 과세대상인 토지에 대하여는 연령에 따른 세액공제를 받을 수 있다.

④ 「지방세법」에 의한 재산세의 감면규정은 종합부동산세를 부과함에 있어서 이를 준용한다.

⑤ 법정요건을 충족하는 1세대 1주택자(단독소유임)는 과세기준일 현재 보유기간이 5년 이상이면 보유기간에 따른 세액공제를 받을 수 있다.

Answer 03. ⑤ 04. ③

05 종합부동산세법령상 종합부동산세의 부과 징수에 관한 내용으로 틀린 것은?

제34회

① 관할 세무서장은 납부하여야 할 종합부동산세의 세액을 결정하여 해당 연도 12월 1일부터 12월 15일까지 부과·징수한다.

② 종합부동산세를 신고·납부방식으로 납부하고자 하는 납세의무자는 종합부동산세의 과세표준과 세액을 관할 세무서장이 결정하기 전인 해당 연도 11월 16일부터 11월 30일까지 관할 세무서장에게 신고하여야 한다.

③ 관할 세무서장은 종합부동산세로 납부하여야 할 세액이 250만원을 초과하는 경우에는 대통령령으로 정하는 바에 따라 그 세액의 일부를 납부기한이 지난 날부터 6개월 이내에 분납하게 할 수 있다.

④ 관할 세무서장은 납세의무자가 과세기준일 현재 1세대 1주택자인 경우 주택분 종합부동산세액의 납부유예를 허가할 수 있다.

⑤ 관할 세무서장은 주택분 종합부동산액의 납부가 유예된 납세의무자가 해당 주택을 타인에게 양도하거나 증여하는 경우에는 그 납부유예 허가를 취소하여야 한다.

06 종합부동산세에 관한 설명으로 틀린 것은?

제28회

① 종합부동산세는 부과·징수가 원칙이며 납세의무자의 선택에 의하여 신고·납부도 가능하다.

② 관할 세무서장이 종합부동산세를 징수하고자 하는 때에는 납세고지서에 주택 및 토지로 구분한 과세표준과 세액을 기재하여 납부기간 개시 5일 전까지 발부하여야 한다.

③ 주택에 대한 세부담상한의 기준이 되는 직전 연도에 해당 주택에 부과된 주택에 대한 총세액상당액은 납세의무자가 해당 연도의 과세표준 합산주택을 직전 연도 과세기준일에 실제로 소유하였는지의 여부를 불문하고 직전 연도 과세기준일 현재 소유한 것으로 보아 계산한다.

④ 토지분 종합부동산세액에서 공제되는 재산세액은 재산세 표준세율의 100분의 50의 범위에서 가감된 세율이 적용된 경우에는 그 세율이 적용되기 전의 세액으로 하고 재산세 세 부담 상한을 적용받는 경우에는 그 상한을 적용 받기 전의 세액으로 한다.

⑤ 과세기준일 현재 토지분 재산세의 납세의무자로서 국내에 소재하는 별도합산 과세대상 토지의 공시가격을 합산 금액이 80억원을 초과하는 자는 토지에 대한 종합부동산세의 납세의무자이다.

Answer   05. ②   06. ④

07 2025년 귀속 종합부동산세에 관한 설명으로 틀린 것은? 제29회

① 과세대상 토지가 매매로 유상이전되는 경우로서 매매계약서 작성일이 2025년 6월 1일이고 잔금지급 및 소유권이전등기일이 2025년 6월 29일인 경우 종합부동산세의 납세의무자는 매도인이다.

② 납세의무자가 국내에 주소를 두고 있는 개인의 경우 납세지는 주소지이다.

③ 납세자에게 부정행위가 없으며 특례제척기간에 해당하지 않는 경우 원칙적으로 납세의무 성립일로부터 5년이 지나면 종합부동산세를 부과할 수 없다.

④ 납세의무자는 선택에 따라 신고·납부할 수 있으나 신고를 함에 있어 납부세액을 과소하게 신고한 경우라도 과소신고가산세가 적용되지 않는다.

⑤ 종합부동산세는 물납이 허용되지 않는다.

08 2025년 귀속 종합부동산세에 관한 설명으로 틀린 것은? 제30회 수정

① 과세기준일 현재 토지분 재산세의 납세의무자로서 자연공원법에 따라 지정된 공원자연환경지구의 임야를 소유하는 자는 토지에 대한 종합부동산세를 납부할 의무가 있다.

② 주택분 종합부동산세 납세의무자가 1세대 1주택자에 해당하는 경우의 주택분 종합부동산세액 계산시 연령에 따른 세액공제와 보유기간에 따른 세액공제는 공제율 합계 100분의 80의 범위에서 중복하여 적용할 수 있다.

③ 수탁자의 명의로 등기 또는 등록된 신탁재산으로서 토지의 경우에는 위탁자가 종합부동산세를 납부할 의무가 있다. 이 경우 위탁자가 신탁토지를 소유한 것으로 본다.

④ 관할세무서장은 종합부동산세로 납부하여야 할 세액이 400만원인 경우 최대 150만원의 세액을 납부기한 경과한 날로부터 6개월 이내에 분납하게 할 수 있다.

⑤ 주택분 종합부동산세액을 계산할 때 1주택을 여러사람이 공동으로 매수하여 소유한 경우 공동 소유자가 각자가 그 주택을 소유한 것으로 본다.

Answer 07. ④ 08. ①

09 종합부동산세법상 종합부동산세에 관한 설명으로 틀린 것은? (단, 감면 및 비과세와 지방세특례제한법 또는 조세특례제한법은 고려하지 않음) 　제31회

① 종합부동산세의 과세기준일은 매년 6월 1일로 한다.

② 종합부동산세의 납세의무자가 비거주자인 개인으로서 국내사업장이 없고 국내원천소득이 발생하지 아니하는 1주택을 소유한 경우 그 주택 소재지를 납세지로 정한다.

③ 과세기준일 현재 토지분 재산세의 납세의무자로서 국내에 소재하는 종합합산과세대상 토지의 공시가격을 합한 금액이 5억원을 초과하는 자는 해당 토지에 대한 종합부동산세를 납부할 의무가 있다.

④ 종합합산과세대상 토지의 재산세로 부과된 세액이 세부담상한을 적용받는 경우 그 상한을 적용받기 전의 세액을 종합합산과세대상 토지분 종합부동산세액에서 공제한다.

⑤ 관할세무서장은 종합부동산세를 징수하고자 하는 때에는 납세고지서에 주택 및 토지로 구분한 과세표준과 세액을 기재하여 납부기간 개시 5일 전까지 발부하여야 한다.

10 종합부동산세법상 1세대 1주택자에 관한 설명으로 옳은 것은? 　제32회

① 과세기준일 현재 세대원 중 1인과 그 배우자만이 공동으로 1주택을 소유하고 해당 세대원 및 다른 세대원이 다른 주택을 소유하지 아니한 경우 신청하지 않더라도 공동명의 1주택자를 해당 1주택에 대한 납세의무자로 한다.

② 과세표준 합산의 대상에 포함되지 않는 주택을 보유한 납세의무자는 해당 연도 9월 16일부터 9월 30일까지 관할 세무서장에게 해당 주택의 보유현황을 신고하여야 한다.

③ 1세대가 일반 주택과 합산배제 신고한 임대주택을 각각 1채씩 소유한 경우 해당 일반주택에 그 주택 소유자가 실제 거주하지 않더라도 1세대 1주택자에 해당한다.

④ 1세대 1주택자는 주택의 공시가격을 합산한 금액에서 6억원을 공제한 금액에서 다시 3억원을 공제한 금액에 공정시장가액비율을 곱한 금액을 과세표준으로 한다.

⑤ 1세대 1주택자에 대하여는 주택분 종합부동산세 산출세액에서 소유자의 연령과 주택 보유기간에 따른 공제액을 공제율 합계 100분의 70의 범위에서 중복하여 공제한다.

11 거주자 甲은 A주택을 3년간 소유하며 직접 거주하고 있다. 甲이 A주택에 대하여 납부하게 되는 2025년 귀속 재산세와 종합부동산세에 관한 설명으로 틀린 것은? (단, 甲은 종합부동산세법상 납세의무자로서 만 61세이며 1세대 1주택자라 가정함)

제29회 수정

① 재산세 및 종합부동산세의 과세기준일은 매년 6월 1일이다.
② 甲의 고령자 세액공제액은 종합부동산세법에 따라 산출된 세액에 100분의 20을 곱한 금액으로 한다.
③ 재산세 납부세액이 600만원인 경우 100만원은 납부기한이 지난 날로부터 3개월 이내에 분납할 수 있다.
④ 재산세 산출세액은 지방세법령에 따라 계산한 직전 연도 해당 재산에 대한 재산세액 상당액의 100분의 150에 해당하는 금액을 한도로 한다.
⑤ 甲이 A주택을 신탁법에 따라 수탁자 명의로 신탁등기하게되는 경우로서 A주택이 위탁자별로 구분된 재산이라면 위탁자를 재산세 납세의무자로 본다.

12 거주자인 개인 甲은 국내에 주택 2채(다가구주택 아님) 및 상가건물 1채를 각각 보유하고 있다. 甲의 2025년 귀속 재산세 및 종합부동산세에 관한 설명으로 틀린 것은? (단, 甲의 주택은 종합부동산세법상 합산배제주택에 해당하지 아니하며 지방세 관계법상 재산세 특례 및 감면은 없음)

① 甲의 주택에 대한 재산세는 주택별로 표준세율을 적용한다.
② 甲의 상가건물에 대한 재산세는 시가표준액에 법령이 정하는 공정시장가액비율을 곱하여 산정한 가액을 과세표준으로 하여 비례세율로 과세한다.
③ 甲의 주택분 종합부동산세액의 결정세액은 주택분 종합부동산세액에서 (주택의 공시가격 합산액 − 9억원)×종합부동산세 공정시장가액비율×재산세 표준세율의 산식에 따라 산정한 재산세액을 공제하여 계산한다.
④ 甲의 상가건물에 대해서는 종합부동산세를 과세하지 아니한다.
⑤ 甲의 주택에 대한 종합부동산세는 甲이 보유한 주택의 공시가격을 합산한 금액에서 9억원을 공제한 금액에 공정시장가액비율을 곱한 금액(영보다 작은 경우에는 영)을 과세표준으로 하여 누진세율로 과세한다.

Answer   11. ④   12. ③

박문각 공인중개사

소득세 총론

www.pmg.co.kr

01 소득세법상 양도소득세의 납세의무에 관한 설명으로 틀린 것은? (다만, 양도자산은 비과세되지 아니함)

① 거주자는 국내에 있는 토지의 양도로 발생하는 소득에 대하여 양도소득세 납세의무가 있다.

② 거주자가 양도일까지 계속하여 국내에 5년 이상 주소 또는 거소를 둔 경우 국외에 있는 토지의 양도로 인하여 발생하는 소득에 대하여 양도소득세 납세의무가 있다.

③ 비거주자는 국내에 있는 토지의 양도로 인하여 발생하는 소득에 대하여 양도소득세 납세의무가 있다.

④ 비거주자는 국외에 있는 건물의 양도로 인하여 발생하는 소득에 대하여 양도소득세 납세의무가 있다.

⑤ 출국일 현재 국내에 1주택을 보유한 1세대가 해외이주법에 따른 해외이주로 세대전원이 출국한 경우 출국일로부터 2년 이내에 동 주택의 양도로 인하여 발생하는 소득에 대하여는 양도소득세가 비과세된다.

핵심기출문제 **부동산 임대소득**

01 소득세법상 부동산임대업에서 발생한 소득에 관한 설명으로 틀린 것은? 제33회

① 해당 과세기간의 주거용 건물 임대업을 제외한 부동산임대업에서 발생한 결손금은 그 과세기간의 종합소득과세표준을 계산할 때 공제하지 않는다.

② 사업소득에 부동산임대업에서 발생한 소득이 포함되어 있는 사업자는 그 소득별로 구분하여 회계처리하여야 한다.

③ 3주택(주택 수에 포함되지 않는 주택 제외) 이상을 소유한 거주자가 주택과 주택부수토지를 임대(주택부수토지만 임대하는 경우 제외)한 경우에는 법령으로 정하는 바에 따라 계산한 금액(간주임대료)을 총수입금액에 산입한다.

④ 간주임대료 계산시 3주택 이상 여부 판정에 있어 주택 수에 포함되지 않는 주택이란 주거의 용도로만 쓰이는 면적이 1호 또는 1세대당 40m² 이하인 주택으로서 해당 과세기간의 기준시가가 2억원 이하인 주택을 말한다.

⑤ 해당 과세기간에 분리과세 주택임대소득이 있는 거주자(종합소득 과세표준이 없거나 결손금이 있는 거주자 포함)는 그 종합소득 과세표준을 그 과세기간의 다음 연도 5월 1일부터 5월 31일까지 신고하여야 한다.

02 소득세법상 거주자의 주택임대소득의 비과세 및 총수입금액에 관한 설명으로 옳은 것은? (단, 주택은 상시 주거용으로 사업을 위한 주거용이 아님) 제22회

① 임대하는 국내소재 1주택의 비과세 여부 판단시 가액은 「소득세법」상 기준시가 6억원을 기준으로 판단한다.

② 「소득세법」상 기준시가 5억원인 국외소재 1주택을 임대하는 경우에는 비과세 된다.

③ 본인과 배우자가 각각 국내 소재 주택을 소유한 경우, 이를 합산하지 아니하고 각 거주자별 소유주택을 기준으로 주택임대소득 비과세 대상인 1주택 여부를 판단한다.

④ 국내 소재 3주택을 소유한 자가 받은 주택임대보증금의 합계액이 4억원인 경우, 그 보증금에 대하여 법령에서 정한 산식으로 계산한 금액을 총수입금액에 산입한다.

⑤ 과세기간 종료일 현재 소유 중인 국내 소재 주택에 대한 주택임대소득의 비과세 여부 판단시 기준시가는 과세기간 개시일을 기준으로 한다.

Answer 01. ③ 02. ④

03 소득세법상 거주자의 부동산 임대와 관련하여 발생한 소득에 관한 설명으로 틀린 것은? 제24회

① 국외에 소재하는 주택임대소득은 주택 수에 관계없이 과세된다.

② 3주택(법령에 따른 소형주택 아님)을 소유하는 자가 받은 보증금의 합계액이 2억원인 경우 법령으로 정하는 바에 따라 계산한 간주임대료를 사업소득 총수입금액에 산입한다.

③ 2주택(법령에 따른 소형주택 아님)과 2개의 상업용 건물을 소유하는 자가 보증금을 받은 경우 2개의 상업용 건물에 대하여만 법령으로 정하는 바에 따라 계산한 간주임대료를 사업소득 총수입금액에 산입한다.

④ 주택임대소득이 과세되는 고가주택은 과세기간 종료일 현재 기준시가 12억원을 초과하는 주택을 말한다.

⑤ 사업자가 부동산을 임대하고 임대료 외에 전기료·수도료 등 공공요금의 명목으로 지급받은 금액이 공공요금의 납부액을 초과할 때 그 초과하는 금액은 사업소득 총수입금액에 산입한다.

04 소득세법상 국내에 소재한 주택을 임대한 경우 발생하는 소득에 관한 설명으로 틀린 것은? (단, 아래의 주택은 상시 주거용으로 사용하고 있음) 제25회

① 주택 1채만을 소유한 거주자가 과세기간 종료일 현재 기준시가 15억원인 해당 주택을 전세금을 받고 임대하여 얻은 소득에 대해서는 소득세가 과세되지 아니한다.

② 주택 2채를 소유한 거주자가 1채는 월세계약으로 나머지 1채는 전세계약의 형태로 임대한 경우, 월세계약에 의하여 받은 임대료에 대해서만 소득세가 과세된다.

③ 거주자의 보유주택 수를 계산함에 있어서 다가구주택은 1개의 주택으로 보되, 구분등기된 경우에는 각각을 1개의 주택으로 계산한다.

④ 주택의 임대로 인하여 얻은 과세대상 소득은 사업소득으로서 해당 거주자의 종합소득금액에 합산된다.

⑤ 주택을 임대하여 얻은 소득은 거주자가 사업자등록을 한 경우에 한하여 소득세 납세의무가 있다.

Answer 03. ② 04. ⑤

05 소득세법상 거주자가 국내 소재 부동산 등을 임대하여 발생하는 소득에 관한 설명으로 틀린 것은? 　　　　　　　　　　　　　　　　　　　　　제28회

① 지상권의 대여(공익사업과 관련된 경우)로 인한 소득은 부동산 임대업에서 발생한 소득에서 제외한다.

② 부동산 임대업에서 발생한 소득은 사업소득에 해당한다.

③ 주거용 건물 임대업에서 발생한 결손금은 종합소득 과세표준을 계산할 때 공제한다.

④ 부부가 각각 주택을 1채씩 보유한 상태에서 그중 1주택을 임대하고 연간 1,800만원의 임대료를 받았을 경우 분리과세와 종합과세 중 하나를 선택하여 적용한다.

⑤ 임대보증금의 간주임대료를 계산하는 과정에서 금융수익을 차감할 때 그 금융수익은 수입이자와 할인료, 수입배당금, 유가증권처분이익으로 한다.

06 소득세법상 거주자의 부동산과 관련된 사업소득에 관한 설명으로 옳은 것은? 　　　　　　　　　　　　　　　　　　　　　제31회

① 국외에 소재하는 주택의 임대소득은 주택 수에 관계없이 과세하지 아니한다.

② 공익사업을 위한 토지 등의 취득 및 보상에 관한 법률에 따른 공익사업과 관련하여 지역권을 대여함으로써 발생하는 소득은 부동산업에서 발생하는 소득으로 한다.

③ 부동산임대업에서 발생하는 사업소득의 납세지는 부동산 소재지로 한다.

④ 국내에 소재하는 논·밭을 작물생산에 이용하게 함으로써 발생하는 사업소득은 소득세를 과세하지 아니한다.

⑤ 주거용 건물 임대업에서 발생한 결손금은 종합소득 과세표준을 계산할 때 공제하지 아니한다.

Answer 　05. ⑤ 　06. ④

07 소득세법령상 거주자의 부동산과 관련된 사업소득에 관한 설명으로 옳은 것은?

제35회

① 해당 과세기간의 종합소득금액이 있는 거주자(종합소득과세표준이 없거나 결손금이 있는 거주자를 포함한다)는 그 종합소득 과세표준을 그 과세기간의 다음 연도 5월 1일부터 5월 31일까지 대통령령으로 정하는 바에 따라 납세지 관할 세무서장에게 신고하여야 하며, 해당 과세기간에 분리과세 주택임대소득이 있는 경우에도 이를 적용한다.
② 공장재단을 대여하는 사업은 부동산임대업에 해당되지 않는다.
③ 해당 과세기간의 주거용 건물 임대업을 제외한 부동산임대업에서 발생한 결손금은 그 과세기간의 종합소득과세표준을 계산할 때 공제한다.
④ 「공익사업을 위한 토지 등의 취득 및 보상에 관한 법률」 제4조에 따른 공익사업과 관련하여 지역권을 설정함으로써 발생하는 소득은 부동산업에서 발생하는 소득에 해당한다.
⑤ 사업소득에 부동산임대업에서 발생한 소득이 포함되어 있는 사업자는 그 소득별로 구분하지 않고 회계처리하여야 한다.

08 다음은 거주자 甲이 소유하고 있는 상가건물 임대에 관한 자료이다. 부동산임대업의 사업소득을 장부에 기장하여 신고하는 경우 2025년도 부동산임대업의 총수입금액은? (단, 법령에 따른 적격증명서류를 수취·보관하고 있으며, 주어진 조건 이외에는 고려하지 않음)

제33회

- 임대기간: 2024. 1. 1. ~ 2025. 12. 31.
- 임대계약 내용 : 월임대료 1,000,000원
  임대보증금 500,000,000원
- 임대부동산(취득일자: 2023. 1. 23.)
  - 건물 취득가액: 200,000,000원
  - 토지 취득가액: 300,000,000원
- 기획재정부령으로 정하는 이자율 : 연 6%
- 임대보증금 운용수익: 수입이자 1,000,000원
  유가증권처분이익 2,000,000원

① 18,000,000원
② 29,000,000원
③ 30,000,000원
④ 39,000,000원
⑤ 40,000,000원

Answer 07. ① 08. ②

09 주택임대사업자인 거주자 甲의 국내주택 임대현황(A, B, C 각 주택의 임대기간 : 2025.1.1. ~ 2025.12.31.)을 참고하여 계산한 주택임대에 따른 2025년 귀속 사업소득의 총수입금액은? (단, 법령에 따른 적격증명서류를 수취 보관하고 있고, 기획재정부령으로 정하는 이자율은 연 4%로 가정하며 주어진 조건 이외에는 고려하지 않음)

제34회

구분(주거전용면적)	보증금	월 세[1]	기준시가
A주택(85m²)	3억원	5십만원	5억원
B주택(40m²)	1억원	–	2억원
C주택(109m²)	5억원	1백만원	7억원

1) 월세는 매월 수령하기로 약정한 금액임

① 0원
② 16,800,000원
③ 18,000,000원
④ 32,400,000원
⑤ 54,000,000원

양도소득세

핵심기출문제 | **과세대상**

01 소득세법상 양도소득세 과세대상이 아닌 것은?   제23회

> ㉠ 「도시개발법」에 따라 토지의 일부가 보류지로 충당되는 경우
> ㉡ 지방자치단체가 발행하는 토지상환채권을 양도하는 경우
> ㉢ 이혼으로 인하여 혼인 중에 형성된 부부공동재산을 「민법」 제839조의2에 따라 재산분할하는 경우
> ㉣ 개인이 토지를 법인에 현물출자하는 경우
> ㉤ 주거용 건물건설업자가 당초부터 판매할 목적으로 신축한 다가구주택을 양도하는 경우

① ㉠, ㉡, ㉢   ② ㉠, ㉢, ㉤
③ ㉡, ㉢, ㉣   ④ ㉡, ㉣, ㉤
⑤ ㉢, ㉣, ㉤

02 소득세법상 양도소득의 과세대상 자산을 모두 고른 것은? (단, 거주자가 국내 자산을 양도한 것으로 한정함)   제25회

> ㉠ 지역권
> ㉡ 등기된 부동산임차권
> ㉢ 건물이 완성되는 때에 그 건물과 이에 딸린 토지를 취득할 수 있는 권리
> ㉣ 영업권(사업용 건물과 분리되어 양도되는 것)
> ㉤ 전세권

① ㉠, ㉡, ㉣   ② ㉡, ㉢, ㉤
③ ㉢, ㉣, ㉤   ④ ㉠, ㉡, ㉢, ㉣
⑤ ㉠, ㉡, ㉢, ㉤

Answer   01. ②   02. ②

03 소득세법상 거주자의 양도소득세 과세대상에 관한 설명으로 틀린 것은? (단, 양도 자산은 국내 자산임)

① 무상이전에 따라 자산의 소유권이 변경된 경우에는 과세대상이 되지 아니한다.

② 부동산에 관한 권리 중 지상권의 양도는 과세대상이다.

③ 사업에 사용하는 토지·건물·부동산에 관한 권리와 함께 양도하는 영업권은 과세대상이다.

④ 법인의 주식을 소유하는 것만으로 시설물을 배타적으로 이용하게 되는 경우 그 주식의 양도는 과세대상이다.

⑤ 등기되지 않은 부동산 임차권의 양도는 과세대상이다.

04 소득세법령상 거주자의 양도소득세 과세대상은 모두 몇 개인가? (단, 국내 소재 자산을 양도한 경우임)

• 전세권
• 등기되지 않은 부동산 임차권
• 사업에 사용하는 토지 및 건물과 함께 양도하는 영업권
• 토지 및 건물과 함께 양도하는 개발제한구역의 지정 및 관리에 관한 특별조치법에 따른 이축권(해당 이축권의 가액을 대통령령으로 정하는 방법에 따라 별도로 평가하여 신고함)

① 0개 ② 1개 ③ 2개
④ 3개 ⑤ 4개

Answer   03. ⑤   04. ③

05 소득세법령상 다음의 국내 자산 중 양도소득세 과세대상에 해당하는 것을 모두 고른 것은? (단, 비과세와 감면은 고려하지 않음) 제35회

> ㉠ 토지 및 건물과 함께 양도하는 「개발제한구역의 지정 및 관리에 관한 특별조치법」에 따른 이축권(해당 이축권 가액을 대통령령으로 정하는 방법에 따라 별도로 평가하여 신고하지 않음)
> ㉡ 조합원입주권
> ㉢ 지역권
> ㉣ 부동산매매계약을 체결한 자가 계약금만 지급한 상태에서 양도하는 권리

① ㉠, ㉢   ② ㉡, ㉣   ③ ㉠, ㉡, ㉣
④ ㉡, ㉢, ㉣   ⑤ ㉠, ㉡, ㉢, ㉣

핵심기출문제 | 부담부증여

01 거주가 甲은 국내에 있는 양도소득세 과세대상 X 토지를 2017년 시가 1억원에 매수하여 2025년 배우자 乙에게 증여하였다. X 토지에는 甲의 금융기관 차입금 5천만원에 대한 저당권이 설정되어 있었으며 乙이 이를 인수한 사실은 채무부담계약서에 의하여 확인되었다. X 토지의 증여가액과 증여시 상속세 및 증여세법에 따라 평가한 가액(시가)은 각각 2억원이었다. 다음 중 틀린 것은? 제30회

① 배우자 간 부담부증여로서 수증자에게 인수되지 아니한 것으로 추정되는 채무액은 부담부증여의 채무액에 해당하는 부분에서 제외한다.
② 乙이 인수한 채무 5천만원에 해당하는 부분은 양도로 본다.
③ 양도로 보는 부분의 취득가액은 2천 5백만원이다.
④ 양도로 보는 부분의 양도가액은 5천만원이다.
⑤ 甲이 X 토지와 증여가액(시가) 2억원인 양도소득세 과세대상에 해당하지 않는 Y자산을 함께 乙에게 부담부증여하였다면 乙이 인수한 채무 5천만원에 해당하는 부분은 모두 X 토지에 대한 양도로 본다.

Answer   05. ③ / 01. ⑤

핵심기출문제 | **양도의 형태 구분**

01 소득세법상 양도에 해당하는 것으로 옳은 것은? 제26회
① 법원의 확정판결에 의하여 신탁해지를 원인으로 소유권이전등기를 하는 경우
② 법원의 확정판결에 의한 이혼위자료로 배우자에게 토지의 소유권을 이전하는 경우
③ 공동소유의 토지를 공유자지분 변경 없이 2개 이상의 공유토지로 분할하였다가 공동지분의 변경 없이 그 공유토지를 소유지분별로 단순히 재분할하는 경우
④ 본인 소유자산을 경매·공매로 인하여 자기가 재취득하는 경우
⑤ 매매원인 무효의 소에 의하여 그 매매사실이 원인무효로 판시되어 환원될 경우

02 소득세법상 양도에 해당하는 것은? (단, 거주자의 국내 자산으로 가정함) 제28회
① 도시개발법이나 그 밖의 법률에 따른 환지처분으로 지목이 변경되는 경우
② 부담부증여(배우자 직계존비속은 제외)시 그 증여가액 중 채무액에 해당하는 부분을 제외한 부분
③ 소득세법 시행령 제151조 제1항에 따른 양도담보계약을 체결한 후 채무불이행으로 인하여 당해 자산을 변제에 충당하는 경우
④ 매매원인 무효의 소에 의하여 그 매매사실이 원인무효로 판시되어 소유권이 환원되는 경우
⑤ 본인 소유 자산을 경매로 인하여 본인이 재취득한 경우

Answer 01. ② 02. ③

핵심기출문제 | 양도 또는 취득시기

01 소득세법상 양도소득세 과세대상 자산의 양도 또는 취득의 시기로 틀린 것은?

제32회

① 도시개발법에 따라 교부 받은 토지의 면적이 환지처분에 의한 권리면적보다 증가 또는 감소된 경우: 환지처분공고가 있은 날
② 기획재정부령이 정하는 장기할부조건의 경우: 소유권이전등기(등록 및 명의개서를 포함)접수일 인도일 또는 사용수익일 중 빠른 날
③ 건축허가를 받지 않고 자기가 건설한 건축물의 경우: 그 사실상의 사용일
④ 민법 제245조 제1항의 규정에 의하여 부동산의 소유권을 취득하는 경우: 당해 부동산의 점유를 개시한 날
⑤ 대금을 청산한 날이 분명하지 아니한 경우: 등기부·등록부 또는 명부 등에 기재된 등기 등록접수일 또는 명의개서일.

02 소득세법 시행령 제162조에서 규정하는 양도 또는 취득의 시기에 관한 설명으로 틀린 것은?

제29회

① 제1항 제4호: 자기가 건설한 건축물에 있어서 건축허가를 받지 아니하고 건축하는 건축물은 추후 사용승인 또는 임시사용승인을 받는 날
② 제1항 제3호: 기획재정부령이 정하는 장기할부조건의 경우에는 소유권이전등기(등기 및 명의개서를 포함)접수일 인도일 또는 사용수익일 중 빠른 날
③ 제1항 제2호: 대금을 청산하기 전에 소유권이전등기(등록 및 명의개서를 포함)를 한 경우에는 등기부 등록부 또는 명부 등에 기재된 등기접수일
④ 제1항 제5호: 상속에 의하여 취득한 자산에 대하여는 그 상속이 개시된 날
⑤ 제1항 제9호: 도시개발법에 따른 환지처분으로 교부 받은 토지의 면적이 환지처분에 의한 권리면적보다 증가한 경우 그 증가된 면적의 토지에 대한 취득시기는 환지처분의 공고가 있은 날의 다음 날

Answer   01. ①   02. ①

03 소득세법령상 양도소득세의 양도 또는 취득시기에 관한 설명으로 틀린 것은?

제34회

① 대금을 청산한 날이 분명하지 아니한 경우에는 등기부 등록부 또는 명부 등에 기재된 등기 등록접수일 또는 명의개서일이다.
② 상속에 의하여 취득한 자산에 대하여는 그 상속이 개시된 날
③ 대금을 청산하기 전에 소유권이전등기를 한 경우에는 등기부에 기재된 등기접수일
④ 자기가 건축한 건축물로서 건축허가를 받지 아니하고 건축하는 건축물에 있어서는 그 사실상의 사용일
⑤ 완성되지 아니한 자산을 양도한 경우로서 해당 자산의 대금을 청산한 날까지 그 목적물이 완성되지 아니한 경우에는 해당 자산의 대금을 청산한 날

핵심기출문제 | **필요경비**

01 소득세법상 거주자가 국내 소재 주택의 양도가액과 취득가액을 실지거래 된 금액을 기준으로 양도차익을 산정하는 경우, 양도소득의 필요경비에 해당하지 않는 것은? (단, 지출액은 양도주택과 관련된 것으로 전액 양도자가 부담함)

제22회

① 주택의 취득대금에 충당하기 위한 대출금의 이자 지급액
② 취득시 법령의 규정에 따라 매입한 국민주택채권을 만기 전에 법령이 정하는 금융기관에 양도함으로써 발생하는 매각차손
③ 양도 전 주택의 이용편의를 위한 방 확장 공사비용(이로 인해 주택의 가치가 증가됨)
④ 양도소득세 과세표준 신고서 작성비용
⑤ 공인중개사에게 지출한 중개보수

Answer 03. ⑤ / 01. ①

02 소득세법상 거주자의 양도소득세가 과세되는 부동산의 양도가액 또는 취득가액을 추계조사하여 양도소득 과세표준 및 세액을 결정 또는 경정하는 경우에 관한 설명으로 틀린 것은? (단, 매매사례가액과 감정가액은 특수관계인과의 거래가액이 아님)

제24회

① 양도 또는 취득당시 실지거래가액의 확인을 위하여 필요한 장부·매매계약서·영수증 기타 증빙서류가 없거나 그 중요한 부분이 미비된 경우 추계결정 또는 경정의 사유에 해당한다.

② 매매사례가액, 감정가액, 환산취득가액, 기준시가를 순차로 적용한다.

③ 매매사례가액은 양도일 또는 취득일 전후 각 3개월 이내에 해당 자산과 동일성 또는 유사성이 있는 자산의 매매사례가 있는 경우 그 가액을 말한다.

④ 감정가액은 당해 자산에 대하여 감정평가기준일이 양도일 또는 취득일 전후 각 3월 이내이고 2 이상의 감정평가 법인이 평가한 것으로서 신빙성이 인정되는 경우 그 감정가액의 평균액으로 한다.

⑤ 환산취득가액은 양도가액을 추계할 경우에는 적용되지만 취득가액을 추계할 경우에는 적용되지 않는다.

03 2008년 취득 후 등기한 토지를 2025년 6월 15일에 양도한 경우, 소득세법상 토지의 양도차익계산에 관한 설명으로 틀린 것은? (단, 특수관계자와의 거래가 아님)

제26회

① 취득당시 실지거래가액을 확인할 수 없는 경우에는 매매사례가액, 환산취득가액, 감정가액, 기준시가를 순차로 적용하여 산정한 가액을 취득가액으로 한다.

② 양도와 취득시의 실지거래가액을 확인할 수 있는 경우에는 양도가액과 취득가액을 실지거래가액으로 산정한다.

③ 취득가액을 실지거래가액으로 계산하는 경우 자본적 지출액은 필요경비에 포함된다.

④ 취득가액을 매매사례가액으로 계산하는 경우 취득당시 개별공시지가에 3/100을 곱한 금액이 필요경비에 포함된다.

⑤ 양도가액을 기준시가에 따를 때에는 취득가액도 기준시가에 따른다.

Answer　　02. ⑤　　03. ①

04 소득세법상 사업소득이 있는 거주자가 실지거래가액에 의해 부동산의 양도차익을 계산하는 경우 양도가액에서 공제할 자본적 지출액 또는 양도비에 포함되지 않는 것은? (단, 자본적지출액에 대해서는 법령에 따른 증명서류가 수취·보관되어 있음)

제27회

① 자산을 양도하기 위하여 직접 지출한 양도소득 과세표준 신고서 작성비용
② 납부의무자와 양도자가 동일한 경우 「재건축초과이익환수에 관한 법률」에 따른 재건축부담금
③ 양도자산의 이용편의를 위하여 지출한 비용
④ 양도자산의 취득 후 쟁송이 있는 경우 그 소유권을 확보하기 위하여 직접 소요된 소송비용으로서 그 지출한 연도의 각 사업소득금액 계산시 필요경비에 산입된 금액
⑤ 자산을 양도하기 위하여 직접 지출한 공증비용

05 소득세법상 거주자가 국내 자산을 양도한 경우 양도소득의 필요경비에 관한 설명으로 옳은 것은?

제28회

① 취득가액을 실지거래가액에 의하는 경우 당초 약정에 의한 지급기일의 지연으로 인하여 추가로 발생하는 이자상당액은 취득원가에 포함하지 아니한다.
② 취득가액을 실지거래가액에 의하는 경우 자본적 지출액도 실지로 지출된 가액에 의하므로 소득세법 제160조의2 제2항에 따른 증명서류를 수취 보관하지 않은 경우에는 실제 지출사실이 금융거래 증명서류에 의해 확인되는 경우에도 필요경비로 인정되지 아니한다.
③ 소득세법 제97조 제3항에 따른 취득가액을 계산할 때 감가상각비를 공제하는 것은 취득가액을 실지거래가액으로 하는 경우에만 적용하므로 취득가액을 환산취득가액으로 하는 때에는 적용하지 아니한다.
④ 토지를 취득함에 있어서 부수적으로 매입한 채권을 만기전에 양도함으로써 발생하는 매각차손은 채권의 매매상대방과 관계없이 전액 양도비용으로 인정된다.
⑤ 취득세는 납부영수증이 없으면 필요경비로 인정되지 아니한다.

Answer 　　04. ④　 05. ①

06 소득세법상 거주자 甲이 2021년 5월 2일 취득하여 2025년 3월 20일 등기한 상태로 양도한 건물에 대한 자료이다. 甲의 양도소득세 부담을 최소화하기 위한 양도차익은?

제25회

> • 취득과 양도당시 실지거래가액은 확인되지 않는다.
> • 취득당시 매매사례가액과 감정가액은 없으며, 기준시가는 1억원이다.
> • 양도당시 매매사례가액은 3억원이고 감정가액은 없으며, 기준시가는 2억원이다.
> • 자본적 지출액(본래의 용도를 변경하기 위한 개조비)은 1억4천만원, 양도비 지출액(공증비용·인지대·소개비)은 2천만원이다.

① 1억4천만원   ② 1억4천2백만원
③ 1억4천3백만원   ④ 1억4천7백만원
⑤ 1억4천9백만원

07 다음은 거주자가 국내소재 1세대 1주택을 양도한 내용이다. 양도차익은 얼마인가?

제28회

구 분	가 액		거래일자
	실지거래가액	기준시가	
양 도	15억원	6억원	2025.3.2
취 득	확인 불가능	3억원	2023.2.4

(1) 취득 및 양도 내역(등기됨)

(2) 자본적 지출 및 양도비용은 1천7백만원이다.
(3) 주어진 자료 외는 고려하지 않았다.

① 741,000,000원   ② 74,100,000원
③ 148,200,000원   ④ 14,800,000원
⑤ 289,500,000원

Answer   06. ①   07. ③

핵심기출문제 | **장기보유특별공제**

01 소득세법상 건물의 양도에 따른 장기보유특별공제에 관한 설명으로 틀린 것은?

제26회

① 100분의 70의 세율이 적용되는 미등기(법령이 정하는 경우는 제외) 건물에 대해서는 장기보유특별공제를 적용하지 아니한다.
② 보유기간이 3년 이상인 등기된 상가건물은 장기보유특별공제가 적용된다.
③ 1세대 1주택 요건을 충족한 고가주택(보유기간 2년 6개월)이 과세되는 경우 장기보유특별공제가 적용된다.
④ 장기보유특별공제액은 건물의 양도차익에 보유기간별 공제율을 곱하여 계산한다.
⑤ 보유기간이 12년인 등기된 상가건물의 보유기간별 공제율은 100분의 24이다.

02 소득세법상 장기보유특별공제와 양도소득기본공제에 관한 설명으로 틀린 것은?

제24회

① 보유기간이 3년 이상인 토지 및 건물(미등기 양도자산 제외)에 한정하여 장기보유특별공제가 적용된다.
② 1세대 1주택이라도 장기보유특별공제가 적용될 수 있다.
③ 장기보유특별공제액은 해당 자산의 양도차익에 보유기간별 공제율을 곱하여 계산한다.
④ 등기된 비사업용 토지를 양도한 경우 양도소득기본공제대상이 된다.
⑤ 장기보유특별공제 계산시 해당 자산의 보유기간은 그 자산의 취득일부터 양도일까지로 하지만 「소득세법」 제97조 제4항에 따른 배우자 또는 직계존비속 간 증여 재산에 대한 이월과세가 적용되는 경우에는 증여한 배우자 또는 직계존비속이 해당 자산을 취득한 날부터 기산한다.

Answer   01. ③   02. ①

핵심기출문제 **과세표준**

01 소득세법상 거주자의 양도소득과세표준 계산에 관한 설명으로 옳은 것은? 제29회

① 양도소득금액을 계산할 때 부동산을 취득할 수 있는 권리에서 발생한 양도차손은 토지에서 발생한 양도소득금액에서 공제할 수 없다.

② 양도차익을 실지거래가액에 의하는 경우 양도가액에서 공제할 취득가액은 그 자산에 대한 감가상각비로서 각 과세기간의 사업소득금액을 계산하는 경우 필요경비에 산입한 금액이 있을 때에는 이를 공제하지 않은 금액으로 한다.

③ 양도소득에 대한 과세표준은 종합소득 및 퇴직소득에 대한 과세표준과 구분하여 계산한다.

④ 1세대 1주택 비과세 요건을 충족하는 고가주택의 양도가액이 15억원이고 양도차익이 5억원인 경우 양도소득세가 과세되는 양도차익은 3억원이다.

⑤ 자본적 지출액은 그 지출에 관한 증명서류를 수취 보관하지 않고 실제 지출사실이 금융거래 증명서류에 의하여 확인되지 않는 경우에도 양도차익 계산시 양도가액에서 공제할 수 있다.

02 거주자 甲의 매매(양도일: 2025. 5. 1.)에 의한 등기된 토지 취득 및 양도에 관한 다음의 자료를 이용하여 양도소득세 과세표준을 계산하면? (단, 법령에 따른 적격 증명서류를 수취·보관하고 있으며, 주어진 조건 이외에는 고려하지 않음) 제33회

항 목	기준시가	실지거래가액
양도가액	40,000,000원	67,000,000원
취득가액	35,000,000원	42,000,000원
추가사항	• 양도비용: 4,000,000원 • 보유기간: 2년	

① 18,500,000원 ② 19,320,000원

③ 19,740,000원 ④ 21,000,000원

⑤ 22,500,000원

Answer 01. ③ 02. ①

03 소득세법령상 1세대 1주택자인 거주자 甲이 2025년 양도한 국내소재 A주택(조정대상지역이 아니며 등기됨)에 대한 양도소득세 과세표준은? (단, 2025년에 A주택 외 양도한 자산은 없으며 법령에 따른 적격증명 서류를 수취 보관하고 있고 주어진 조건 이외에는 고려하지 않음)

제34회

구 분	기준시가	실지거래가액
양도시	18억원	25억원
취득시	13억5천만원	19억5천만원
추가사항	• 양도비 및 자본적 지출액: 5천만원 • 보유기간 및 거주기간: 각각 5년 • 장기보유특별공제율: 보유기간별 공제율과 거주기간별 공제율은 각각 20%	

① 153,500,000원
② 156,000,000원
③ 195,500,000원
④ 260,000,000원
⑤ 500,000,000원

04 다음 자료를 기초로 할 때 소득세법령상 거주자 甲이 확정신고시 신고할 건물과 토지 B의 양도소득과세표준을 각각 계산하면? (단, 아래 자산 외의 양도자산은 없고, 양도소득과세표준 예정신고는 모두 하지 않았으며, 감면소득금액은 없다고 가정함)

제35회

구 분	건물(주택아님)	토지 A	토지 B
양도차익(차손)	15,000,000원	(20,000,000원)	25,000,000원
양도일자	2025.3.10.	2025.5.20.	2025.6.25.
보유기간	1년 8개월	4년 3개월	3년 5개월

• 위 자산은 모두 국내에 있으며 등기됨
• 토지 A, 토지 B는 비사업용 토지 아님
• 장기보유 특별공제율은 6%로 가정함

	건 물	토지 B
①	0원	16,000,000원
②	0원	18,500,000원
③	11,600,000원	5,000,000원
④	12,500,000원	3,500,000원
⑤	12,500,000원	1,000,000원

Answer   03. ①   04. ④

핵심기출문제 | **배우자 직계존비속 간 이월과세**

01 소득세법상 배우자 간 증여재산의 이월과세에 관한 설명으로 옳은 것은? 제32회
① 이월과세를 적용하는 경우 거주자가 배우자로부터 증여받은 자산에 대하여 납부한 증여세는 필요경비에 산입하지 아니한다.
② 이월과세를 적용받는 자산의 보유기간은 증여한 배우자가 그 자산을 증여한 날을 취득일로 본다.
③ 거주자가 양도일로부터 소급하여 10년 이내에 그 배우자(양도 당시 사망으로 혼인관계가 소멸된 경우 포함)로부터 증여받은 토지를 양도할 경우 이월과세를 적용한다.
④ 거주자가 사업인정고시일부터 소급하여 2년 이전에 배우자로부터 증여받은 경우로서 공익사업을 위한 토지 등의 취득 및 보상에 관한 법률에 따라 수용된 경우에는 이월과세를 적용하지 아니한다.
⑤ 이월과세를 적용하여 계산한 양도소득 결정세액이 이월과세를 적용하지 않고 계산한 양도소득 결정세액보다 적은 경우에 이월과세를 적용한다.

02 소득세법상 거주자 甲이 특수관계자인 거주자 乙에게 등기된 국내 소재의 건물(주택 아님)을 증여하고 乙이 그로부터 4년 후 그 건물을 甲·乙과 특수관계 없는 거주자 丙에게 양도한 경우에 관한 설명으로 틀린 것은? 제21회
① 乙이 甲의 배우자인 경우, 乙의 양도차익 계산시 취득가액은 甲이 건물을 취득한 당시의 취득가액으로 한다.
② 乙이 甲과 증여당시에는 혼인관계에 있었으나 양도당시에는 혼인관계가 소멸한 경우, 乙의 양도차익 계산시 취득가액은 甲이 건물을 취득한 당시의 취득가액으로 한다.
③ 乙이 甲의 배우자인 경우, 건물에 대한 장기보유특별공제액은 건물의 양도차익에 甲이 건물을 취득한 날부터 기산한 보유기간별 공제율을 곱하여 계산한다.
④ 乙이 甲의 배우자 및 직계존비속 외의 자인 경우, 乙의 증여세와 양도소득세를 합한 세액이 甲이 직접 丙에게 건물을 양도한 것으로 보아 계산한 양도소득세보다 큰 때에는 甲이 丙에게 직접 양도한 것으로 보지 아니한다.
⑤ 乙이 甲의 배우자인 경우, 건물의 양도소득에 대하여 甲과 乙이 연대납세의무를 진다.

Answer 01. ④ 02. ⑤

03 다음 자료를 기초로 할 때 소득세법령상 국내 토지A에 대한 양도소득세에 관한 설명으로 옳은 것은? (단, 甲, 乙, 丙은 모두 거주자임)   제35회

> • 甲은 2019.6.20. 토지 A를 3억원에 취득하였으며, 2021.5.15. 토지 A에 대한 자본적 지출로 5천만원을 지출하였다.
> • 乙은 2023.7.1. 직계존속인 甲으로부터 토지 A를 증여받아 2023.7.25. 소유권 이전등기를 마쳤다(토지 A의 증여 당시 시가는 6억원임).
> • 乙은 2025.10.20. 토지A를 甲 또는 乙과 특수 관계가 없는 丙에게 10억원에 양도하였다.
> • 토지 A는 법령상 협의매수 또는 수용된 적이 없으며, 소득세법 제97조의2 양도소득의 필요 경비 계산 특례(이월과세)를 적용하여 계산한 양도소득 결정세액이 이를 적용하지 않고 계산한 양도소득 결정세액보다 크다고 가정한다.

① 양도차익 계산시 양도가액에서 공제할 취득가액은 6억원이다.
② 양도차익 계산시 甲이 지출한 자본적 지출액 5천만원은 양도가액에서 공제할 수 없다.
③ 양도차익 계산시 乙이 납부하였거나 납부할 증여세 상당액이 있는 경우 양도차익을 한도로 필요경비에 산입한다.
④ 장기보유 특별공제액 계산 및 세율 적용시 보유기간은 乙의 취득일부터 양도일까지의 기간으로 한다.
⑤ 甲과 乙은 양도소득세에 대하여 연대납세의무를 진다.

핵심기출문제 **증여 후 양도 행위 부인**(우회양도)

01 거주자 甲은 2019. 10. 20. 취득한 토지(취득가액 1억원, 등기함)를 동생인 거주자 乙(특수관계인임)에게 2022. 10. 1. 증여(시가 3억원, 등기함)하였다. 乙은 해당 토지를 2025. 6. 30. 특수관계가 없는 丙에게 양도(양도가액 10억원)하였다. 양도소득은 乙에게 실질적으로 귀속되지 아니하고, 乙의 증여세와 양도소득세를 합한 세액이 甲이 직접 양도하는 경우로 보아 계산한 양도소득세보다 적은 경우에 해당한다. 소득세법상 양도소득세 납세의무에 관한 설명으로 틀린 것은?   제33회

① 乙이 납부한 증여세는 양도차익 계산시 필요경비에 산입한다.
② 양도차익 계산시 취득가액은 甲의 취득 당시를 기준으로 한다.
③ 양도소득세에 대해서는 甲과 乙이 연대하여 납세의무를 진다.
④ 甲은 양도소득세 납세의무자이다.
⑤ 양도소득세 계산시 보유기간은 甲의 취득일부터 乙의 양도일까지의 기간으로 한다.

02 소득세법상 거주자인 甲이 국내 소재 토지를 甲의 사촌 형인 거주자 乙에게 양도한다고 가정하는 경우, 이에 관한 설명으로 틀린 것은?   제23회

① 만일 甲이 乙에게 토지를 증여한 후, 乙이 이를 그 증여일부터 12년이 지나 다시 타인에게 양도한 경우에는 甲이 그 토지를 직접 타인에게 양도한 것으로 보아 양도소득세가 과세된다.
② 甲이 양도한 토지가 법령이 정한 비사업용 토지에 해당하는 경우에도 장기보유특별공제를 적용받을 수 있다.
③ 甲과 乙은 「소득세법」상 특수관계인에 해당한다.
④ 甲이 「상속세 및 증여세법」에 따라 시가 8억원으로 평가된 토지를 乙에게 7억5천만원에 양도한 경우, 양도차익 계산시 양도가액은 8억원으로 계산한다.
⑤ 해당 토지가 미등기된 것으로서 법령이 정하는 미등기양도 제외 자산이 아니라면 70%의 세율이 적용된다.

핵심기출문제 　세 율

01 소득세법상 등기된 국내 부동산에 대한 양도소득 과세표준의 세율에 관한 내용으로 옳은 것은? 　제27회

① 1년 6개월 보유한 1주택: 100분의 40
② 2년 1개월 보유한 상가건물: 100분의 40
③ 10개월 보유한 상가건물: 100분의 50
④ 6개월 보유한 1주택: 100분의 30
⑤ 1년 8개월 보유한 상가건물: 100분의 50

02 소득세법상 거주자가 국내에 있는 자산을 양도한 경우 양도소득 과세표준에 적용되는 세율로 틀린 것은? (단, 주어진 자산 외에는 고려하지 않음) 　제30회

① 보유기간이 1년 이상 2년 미만인 등기된 상업용 건물: 100분의 40
② 보유기간이 1년 미만인 조합원 입주권: 100분의 70
③ 보유기간이 1년 미만인 분양권: 100분의 50
④ 양도소득 과세표준이 1,400만원 이하인 등기된 비사업용 토지(지정지역에 있지 않음): 100분의 16
⑤ 미등기 건물(미등기양도자산 제외 자산이 아님): 100분의 70

03 소득세법령상 거주자의 양도소득 과세표준에 적용되는 세율에 관한 내용으로 옳은 것은? (단, 국내소재 자산을 2025년에 양도한 경우로서 주어진 자산 외에는 다른 자산은 없으며, 비과세와 감면은 고려하지 않음) 　제34회

① 보유기간이 6개월인 등기된 상가건물: 100분의 40
② 보유기간이 10개월인 소득세법에 따른 분양권: 100분의 70
③ 보유기간이 1년 6개월인 등기된 상가건물: 100분의 30
④ 보유기간이 1년 10개월인 소득세법에 따른 조합원입주권: 100분의 70
⑤ 보유기간 2년 6개월인 소득세법에 따른 분양권: 100분의 50

Answer 　01. ③ 　02. ③ 　03. ②

01 소득세법상 거주자의 양도소득세 신고 · 납부에 관한 설명으로 옳은 것은? 제33회

① 건물을 신축하고 그 취득일부터 3년 이내에 양도하는 경우로서 감정가액을 취득가액으로 하는 경우에는 그 감정가액의 100분의 3에 해당하는 금액을 양도소득 결정세액에 가산한다.

② 공공사업의 시행자에게 수용되어 발생한 양도소득세액이 2천만원을 초과하는 경우 납세의무자는 물납을 신청할 수 있다.

③ 과세표준 예정신고와 함께 납부하는 때에는 산출세액에서 납부할 세액의 100분의 5에 상당하는 금액을 공제한다.

④ 예정신고 · 납부할 세액이 1천5백만원인 자는 그 세액의 100분의 50의 금액을 납부기한이 지난 후 2개월 이내에 분할납부할 수 있다.

⑤ 납세의무자가 법정신고기한까지 양도소득세의 과세표준신고를 하지 아니한 경우(부정행위로 인한 무신고는 제외)에는 그 무신고 · 납부세액에 100분의 20을 곱한 금액을 가산세로 한다.

02 소득세법상 거주자의 양도소득세 징수와 환급에 관한 설명으로 옳은 것은? 제33회

① 과세기간별로 이미 납부한 확정신고세액이 관할세무서장이 결정한 양도소득 총결정세액을 초과한 경우 다른 국세에 충당할 수 없다.

② 양도소득 과세표준과 세액을 결정 또는 경정한 경우 관할세무서장이 결정한 양도소득 총결정세액이 이미 납부한 확정신고세액을 초과할 때에는 그 초과하는 세액을 해당 거주자에게 알린 날부터 30일 이내에 징수한다.

③ 양도소득세 과세대상 건물을 양도한 거주자는 부담부증여의 채무액을 양도로 보는 경우 예정신고 없이 확정신고를 하여야 한다.

④ 양도소득세 납세의무의 확정은 납세의무자의 신고에 의하지 않고 관할세무서장의 결정에 의한다.

⑤ 이미 납부한 확정신고세액이 관할세무서장이 결정한 양도소득 총결정세액을 초과할 때에는 해당 결정일부터 90일 이내에 환급해야 한다.

03 甲이 등기된 국내 소재 공장(건물)을 양도한 경우, 양도소득 과세표준 예정신고 및 확정신고에 관한 설명으로 옳은 것은? (단, 甲은 소득세법상 부동산매매업을 영위하지 않는 거주자이며 국세기본법상 기한연장 사유는 없음) 　　제22회

① 2025.3.15.에 양도한 경우, 예정신고기한은 2025.6.15.이다.

② 예정신고시 예정신고 · 납부세액공제(산출세액의 10%)가 적용된다.

③ 예정신고 관련 무신고 가산세가 부과되는 경우, 그 부분에 대하여 확정신고와 관련한 무신고가산세가 다시 부과된다.

④ 예정신고 · 납부를 할 때 납부할 세액은 양도차익에서 장기보유 특별공제와 양도소득 기본공제를 한 금액에 해당 양도소득세 세율을 적용하여 계산한 금액을 그 산출세액으로 한다.

⑤ 확정신고 기간은 양도일이 속한 연도의 다음 연도 6월 1일부터 6월 30일까지이다.

04 소득세법상 사업자가 아닌 거주자 甲이 2025년 5월 15일에 토지(토지거래계약에 관한 허가구역 외에 존재)를 양도하였고, 납부할 양도소득세액은 1천 5백만원이다. 이 토지의 양도소득세 신고 · 납부에 관한 설명으로 틀린 것은? (단, 과세기간 중 당해 거래 이외에 다른 양도거래는 없고, 답지항은 서로 독립적이며 주어진 조건 외에는 고려하지 않음) 　　제26회

① 2025년 7월 31일까지 양도소득 과세표준을 납세지 관할세무서장에게 신고하여야 한다.

② 예정신고를 하지 않은 경우 확정신고를 하면, 예정신고에 대한 가산세는 부과되지 아니한다.

③ 예정신고하는 경우 양도소득세의 분할납부가 가능하다.

④ 예정신고를 한 경우에는 확정신고를 하지 아니할 수 있다.

⑤ 양도차익이 없거나 양도차손이 발생한 경우에도 예정신고를 하여야 한다.

Answer　　03. ④　04. ②

05 소득세법상 거주자의 양도소득 과세표준의 신고 및 납부에 관한 설명으로 옳은 것은?

① 2025년 3월 21일에 주택을 양도하고 잔금을 청산한 경우 2025년 6월 30일에 예정신고할 수 있다.
② 확정신고·납부시 납부할 세액이 1천 6백만원인 경우 6백만원을 분납할 수 있다.
③ 예정신고·납부시 납부할 세액이 2천만원인 경우 분납할 수 없다.
④ 양도차손이 발생한 경우 예정신고하지 아니한다.
⑤ 예정신고하지 않은 거주자가 해당 과세기간의 과세표준이 없는 경우 확정신고 하지 아니한다.

06 소득세법상 거주자의 양도소득세 신고 및 납부에 관한 설명으로 옳은 것은? 제29회

① 토지 또는 건물을 양도한 경우에는 그 양도일이 속하는 분기의 말일부터 2개월 이내에 양도소득 과세표준을 신고해야 한다.
② 양도차익이 없거나 양도차손이 발생한 경우 과세표준 예정신고 의무가 없다.
③ 건물을 신축하고 그 신축한 건물의 취득일로부터 5년 이내에 해당 건물을 양도 하는 경우로서 취득 당시의 실지거래가액을 확인할 수 없어 환산취득가액을 그 취득가액으로 하는 경우에는 양도소득세 산출세액의 100분의 5에 해당하는 금액을 양도소득 결정세액에 더 한다.
④ 양도소득과세표준 예정신고시에는 납부할 세액이 1천만원을 초과하더라도 그 납부할 세액의 일부를 분할·납부할 수 없다.
⑤ 당해 연도에 누진세율의 적용대상 자산에 대한 예정신고를 2회 이상 한 자가 법령에 따라 이미 신고한 양도소득금액과 합산하여 신고하지 아니한 경우 양 도소득세 확정신고를 해야 한다.

Answer 05. ② 06. ⑤

07 소득세법상 거주자의 국내 토지에 대한 양도소득과세표준 및 세액의 신고·납부에 관한 설명으로 틀린 것은? 제31회

① 법령에 따른 부담부증여의 채무액에 해당하는 부분으로서 양도로 보는 경우 그 양도일이 속하는 달의 말일부터 3개월 이내에 양도소득 과세표준을 납세지 관할 세무서장에게 신고하여야 한다.

② 예정신고·납부를 하는 경우 예정신고 산출세액에서 감면세액을 빼고 수시부과세액이 있을 때에는 이를 공제하지 아니한 세액을 납부한다.

③ 예정신고·납부할 세액이 2천만원을 초과하는 때에는 그 세액의 100분의 50 이하의 금액을 납부기한이 지난 후 2개월 이내에 분할납부할 수 있다.

④ 당해 연도에 누진세율의 적용대상 자산에 대한 예정신고를 2회 이상 한 자가 법령에 따라 이미 신고한 양도소득금액과 합산하여 신고하지 아니한 경우에는 양도소득과세표준의 확정신고를 하여야 한다.

⑤ 양도차익이 없거나 양도차손이 발생한 경우에도 양도소득 과세표준의 예정신고를 하여야 한다.

핵심기출문제 | **양도소득세 종합문제**

01 소득세법상 거주자가 국내 소재 1주택만을 소유하는 경우에 관한 설명으로 틀린 것은? 제21회

① 임대한 과세기간의 종료일 현재 기준시가가 15억원인 1주택(주택부수토지 포함)을 임대하고 지급받은 소득은 사업소득으로 과세된다.

② 양도 당시의 실지거래가액이 15억원인 법정요건을 충족하는 등기된 1세대 1주택을 양도한 경우, 양도차익에 최대 100분의 80의 보유기간별 공제율을 적용받을 수 있다.

③ 甲과 乙이 고가주택이 아닌 공동소유 1주택(甲 지분율 40%, 乙 지분율 60%)을 임대하는 경우, 주택임대소득의 비과세 여부를 판정할 때 甲과 乙이 각각 1주택을 소유한 것으로 보아 주택 수를 계산한다.

④ 법령이 정한 1세대 1주택으로서 「건축법」에 의한 건축허가를 받지 아니하여 등기가 불가능한 주택을 양도한 때에는 이를 미등기양도자산으로 보지 아니한다.

⑤ 소유하고 있던 공부상 주택인 1세대 1주택을 전부 영업용 건물로 사용하다가 양도한 때에는 양도소득세 비과세 대상인 1세대 1주택으로 보지 아니한다.

Answer **07.** ② / **01.** ③

02 소득세법상 거주자의 양도소득세에 관한 설명으로 틀린 것은? (단, 국내소재 부동산을 양도한 경우임)
제22회

① 양도소득 과세표준은 종합소득 및 퇴직소득에 대한 과세표준과 구분하여 계산한다.

② 양도차익 계산시 증여에 의하여 취득한 토지는 증여를 받은 날을 취득시기로 한다.

③ 양도소득의 총수입금액은 양도가액으로 한다.

④ 양도차익은 양도가액에서 장기보유특별공제액을 공제하여 계산한다.

⑤ 100분의 70의 양도소득세 세율이 적용되는 미등기(법령이 정하는 자산은 제외) 양도자산에 대해서는 양도소득 과세표준 계산시 양도소득 기본공제는 적용되지 않는다.

03 소득세법상 거주자의 양도소득세에 관한 설명으로 틀린 것은?
제21회

① 법령으로 정하는 근무상 형편으로 취득한 수도권밖에 소재하는 등기된 주택과 그 밖의 등기된 일반주택을 국내에 각각 1개씩 소유하는 1세대가 일반주택을 양도하는 경우, 법정요건을 충족하면 비과세된다.

② 법령이 정한 장기할부조건부로 부동산을 매매한 경우, 그 취득 및 양도시기는 소유권이전등기접수일 · 인도일 · 사용수익일 중 빠른 날로 한다.

③ 부동산의 양도에 대한 양도소득세를 양수자가 부담하기로 약정한 경우, 양도시기인 대금청산일 판단시 그 대금에는 양도소득세를 제외한다.

④ 국내 소재 부동산에 대한 양도소득세는 양도인 소유의 다른 부동산으로 물납할 수 있다.

⑤ 양도소득세 과세대상인 국내 소재의 등기된 토지와 건물을 같은 연도 중에 양도시기를 달리 하여 양도한 경우에도 양도소득기본공제는 연 250만원을 공제한다.

Answer 02. ④ 03. ④

04 소득세법상 거주자가 2025년에 국내 소재 부동산을 양도한 경우, 양도소득세 관한 설명으로 틀린 것은? (단, 조정대상지역이 아님) 　　　　　제23회

① 1세대 2주택을 3년 이상 보유한 자가 등기된 주택을 양도한 경우 장기보유특별 공제를 적용받을 수 있다.

② 1세대 1주택에 대한 비과세 규정을 적용함에 있어 하나의 건물이 주택과 주택 외의 부분으로 복합되어 있는 경우 주택의 연면적이 주택 외의 연면적보다 클 때에는 그 전부를 주택으로 본다(단, 고가주택이 아님).

③ 증여자인 매형의 채무를 수증자가 인수하는 부담부증여인 경우에는 증여가액 중 그 채무액에 상당하는 부분은 그 자산이 유상으로 사실상 이전되는 것으로 본다.

④ 2025년에 양도한 토지에서 발생한 양도차손은 5년 이내에 양도하는 토지의 양 도소득금액에서 이월하여 공제받을 수 있다.

⑤ 1세대 1주택인 고가주택을 양도한 경우, 양도가액 중 12억원을 초과하는 부분 의 양도차익에 대해서는 양도소득세가 과세된다.

05 소득세법상 양도소득세에 관한 설명으로 옳은 것은? 　　　　　제27회

① 거주자가 국외 토지를 양도한 경우 양도일까지 계속해서 10년간 국내에 주소 를 두었다면 양도소득 과세표준을 예정신고 하여야 한다.

② 비거주자가 국외 토지를 양도한 경우 양도소득세 납부의무가 있다.

③ 거주자가 국내 상가건물을 양도한 경우 거주자의 주소지와 상가건물의 소재지 가 다르다면 양도소득세 납세지는 상가건물의 소재지이다.

④ 비거주자가 국내 주택을 양도한 경우 양도소득세 납세지는 비거주자의 국외 주소지이다.

⑤ 거주자가 국외 주택을 양도한 경우 양도일까지 계속해서 5년간 국내에 주소를 두었다면 양도소득금액 계산시 장기보유특별공제가 적용된다.

Answer　　04. ④　　05. ①

06 소득세법상 거주자의 양도소득세에 관한 설명으로 틀린 것은? (단, 국내소재 부동산의 양도임) 제28회

① 같은 해에 여러 개의 자산(모두 등기됨)을 양도한 경우 양도소득기본공제는 해당 과세기간에 먼저 양도한 자산의 양도소득금액에서부터 순서대로 공제한다. 단, 감면소득금액은 없다.

② 소득세법 제104조 제3항에 따른 미등기(법령이 정하는 경우는 제외) 양도자산에 대하여는 장기보유특별공제를 적용하지 아니한다.

③ 소득세법 제97조의 2 제1항에 따라 이월과세를 적용받는 경우 장기보유특별공제의 보유기간은 증여자가 해당 자산을 취득한 날부터 기산한다.

④ A법인과 특수 관계에 있는 주주가 시가 3억원(법인세법 제52조에 따른 시가임)의 토지를 A법인에게 5억원에 양도한 경우 양도가액은 3억원으로 본다. 단, A법인은 이 거래에 대하여 세법에 따른 처리를 적절하게 하였다.

⑤ 특수관계인 간의 거래가 아닌 경우로서 취득가액을 실지거래가액을 인정 또는 확인할 수 없어 그 가액을 추계결정 또는 경정하는 경우에는 매매사례가액, 감정가액, 기준시가의 순서에 따라 적용한 가액에 의한다.

07 소득세법상 거주자의 국내 자산 양도소득세 계산에 관한 설명으로 옳은 것은? 제31회

① 부동산에 관한 권리의 양도로 발생한 양도차손은 토지의 양도에서 발생한 양도소득금액에서 공제할 수 없다.

② 양도일부터 소급하여 10년 이내에 그 배우자로부터 증여받은 토지의 양도차익을 계산할 때 그 증여받은 토지에 대하여 납부한 증여세는 양도가액에서 공제할 필요경비에 산입하지 아니한다.

③ 취득원가에 현재가치할인차금이 포함된 양도자산의 보유기간 중 사업소득금액 계산시 필요경비로 산입한 현재가치할인차금상각액은 양도차익을 계산할 때 양도가액에서 공제할 필요경비로 본다.

④ 특수관계인에게 증여한 자산에 대해 증여자인 거주자에게 양도소득세가 과세되는 경우 수증자가 부담한 증여세 상당액은 양도가액에서 공제할 필요경비에 산입한다.

⑤ 거주자가 특수관계인과의 거래(시가와 거래가액의 차액이 5억원임)에 있어서 토지를 시가에 미달하게 양도함으로써 조세의 부담을 부당히 감소시킨 것으로 인정되는 때에는 그 양도가액을 시가에 의하여 계산한다.

Answer 06. ⑤   07. ⑤

08 거주자인 개인 甲이 乙으로부터 부동산을 취득하여 보유하고 있다가 丙에게 양도하였다 甲의 부동산 관련 조세의 납세의무에 관한 설명으로 틀린 것은? (단, 주어진 조건 외에는 고려하지 않음) 제32회

① 甲이 乙로부터 증여받은 것이라면 그 계약일에 취득세 납세의무가 성립한다.

② 甲이 乙로부터 부동산을 취득 후 재산세 과세기준일까지 등기하지 않았다면 재산세와 관련하여 乙은 부동산 소재지 관할 지방자치단체의 장에게 소유권 변동사실을 신고할 의무가 있다.

③ 甲이 종합부동산세를 신고·납부 방식으로 납부하고자 하는 경우 과세표준과 세액을 해당 연도 12월 1일부터 12월 15일까지 관할 세무서장에게 신고하는 때에 종합부동산세 납세의무가 확정된다.

④ 甲이 乙로부터 부동산을 40만원에 취득한 경우 등록면허세 납세의무가 있다.

⑤ 양도소득세의 예정신고만으로 甲의 양도소득세 납세의무가 확정되지 아니한다.

09 소득세법령상 거주자의 국내자산 양도에 대한 양도소득세에 관한 설명으로 옳은 것은? 제35회

① 부담부증여의 채무액에 해당하는 부분으로서 양도로 보는 경우에는 그 양도일이 속하는 달의 말일부터 2개월 이내에 양도소득세를 신고하여야 한다.

② 토지를 매매하는 거래당사자가 매매계약서의 거래가액을 실지거래가액과 다르게 적은 경우에는 해당 자산에 대하여 「소득세법」에 따른 양도소득세의 비과세에 관한 규정을 적용할 때, 비과세 받을 세액에서 '비과세에 관한 규정을 적용하지 아니하였을 경우의 양도소득 산출세액'과 '매매계약서의 거래가액과 실지거래가액과의 차액' 중 큰 금액을 뺀다.

③ 사업상의 형편으로 인하여 세대전원이 다른 시·군으로 주거를 이전하게 되어 6개월 거주한 주택을 양도하는 경우 보유기간 및 거주기간의 제한을 받지 아니하고 양도소득세가 비과세된다.

④ 토지의 양도로 발생한 양도차손은 동일한 과세기간에 전세권의 양도로 발생한 양도소득금액에서 공제할 수 있다.

⑤ 상속받은 주택과 상속개시 당시 보유한 일반주택을 국내에 각각 1개씩 소유한 1세대가 상속받은 주택을 양도하는 경우에는 국내에 1개의 주택을 소유하고 있는 것으로 보아 1세대 1주택 비과세 규정을 적용한다.

핵심기출문제 | 미등기 양도자산

01 소득세법상 미등기 양도제외 자산을 모두 고른 것은? 제32회

> ㉠ 양도소득세 비과세 요건을 충족한 1세대 1주택으로서 건축법에 따른 건축허가
>   를 받지아니하여 등기가 불가능한 자산
> ㉡ 법원의 결정에 의하여 양도 당시 그 자산의 취득에 관한 등기가 불가능한 자산
> ㉢ 도시개발법에 따른 도시개발사업이 종료되지 아니하여 토지 취득등기를 하지
>   아니하고 양도하는 토지

① ㉠   ② ㉡   ③ ㉠, ㉡
④ ㉡, ㉢   ⑤ ㉠, ㉡, ㉢

02 소득세법상 미등기 양도자산(미등기 양도제외자산이 아님)인 상가건물의 양도에 관한 내용으로 옳은 것을 모두 고른 것은? 제32회

> ㉠ 양도소득세율은 양도소득 과세표준의 100분의 70
> ㉡ 장기보유특별공제 적용 배제
> ㉢ 필요경비개산공제 적용 배제
> ㉣ 양도소득기본공제 적용 배제

① ㉠, ㉡, ㉢   ② ㉠, ㉡, ㉣   ③ ㉠, ㉢, ㉣
④ ㉡, ㉢, ㉣   ⑤ ㉠, ㉡, ㉢, ㉣

Answer   01. ⑤   02. ②

핵심기출문제 **농지의 교환 분합**

01 소득세법상 농지교환으로 인한 양도소득세와 관련하여 (   )에 들어갈 내용으로 옳은 것은? 제20회

> 경작상의 필요에 의하여 농지를 교환하는 경우, 교환에 의하여 새로이 취득하는 농지를 (㉠) 이상 농지소재지에 거주하면서 경작하는 경우[새로운 농지의 취득 후 (㉡) 이내에 법령에 따라 수용 등이 되는 경우 포함]로서 교환하는 쌍방 토지가액의 차액이 가액이 큰 편의 (㉢) 이하이면 농지의 교환으로 인하여 발생하는 소득에 대한 양도소득세를 비과세한다.

	㉠	㉡	㉢
①	3년	2년	3분의 1
②	2년	3년	4분의 1
③	3년	1년	2분의 1
④	3년	3년	4분의 1
⑤	2년	2년	2분의 1

02 소득세법령상 거주자의 양도소득세 비과세에 관한 설명으로 틀린 것은? (단, 국내 소재 자산을 양도한 경우임) 제34회

① 파산선고에 의한 처분으로 발생하는 소득은 비과세된다.
② 지적재조사에 관한 특별법에 따른 경계의 확정으로 지적공부상 면적이 감소되어 같은 법에 따라 지급받는 조정금은 비과세된다.
③ 건설사업자가 도시개발법에 따라 공사용역 대가로 취득한 체비지를 토지구획환지처분공고 전에 양도하는 토지는 양도소득세 비과세가 배제되는 미등기 양도자산에 해당하지 않는다.
④ 도시개발법에 따른 도시개발사업이 종료되지 아니하여 토지 취득등기를 하지 아니하고 양도하는 토지는 양도소득세 비과세가 배제되는 미등기 양도자산에 해당하지 않는다.
⑤ 국가가 소유하는 토지와 분합하는 농지로서 분합하는 쌍방 토지가액의 차액이 가액이 큰 편의 4분의 1을 초과하는 경우 분합으로 발생하는 소득은 비과세한다.

Answer **01.** ④ **02.** ⑤

01 소득세법 시행령 제155조 '1세대 1주택의 특례'에 관한 조문의 내용이다. (   )에 들어갈 숫자로 옳은 것은?
제33회

> • 영농의 목적으로 취득한 귀농주택으로서 수도권 밖의 지역 중 면 지역에 소재하는 주택과 일반주택을 국내에 각각 1개씩 소유하고 있는 1세대가 귀농주택을 취득한 날부터 (㉠)년 이내에 일반주택을 양도하는 경우에는 국내에 1개의 주택을 소유하고 있는 것으로 보아 제154조 제1항을 적용한다.
> • 취학 등 부득이한 사유로 취득한 수도권 밖에 소재하는 주택과 일반주택을 국내에 각각 1개씩 소유하고 있는 1세대가 부득이한 사유가 해소된 날부터 (㉡)년 이내에 일반주택을 양도하는 경우에는 국내에 1개의 주택을 소유하고 있는 것으로 보아 제154조 제1항을 적용한다.
> • 1주택을 보유하는 자가 1주택을 보유하는 자와 혼인함으로써 1세대가 2주택을 보유하게 되는 경우 혼인한 날부터 (㉢)년 이내에 먼저 양도하는 주택은 이를 1세대 1주택으로 보아 제154조 제1항을 적용한다.

① ㉠: 2, ㉡: 2, ㉢: 5
② ㉠: 2, ㉡: 3, ㉢: 10
③ ㉠: 3, ㉡: 2, ㉢: 5
④ ㉠: 5, ㉡: 3, ㉢: 5
⑤ ㉠: 5, ㉡: 3, ㉢: 10

핵심기출문제 **보유기간 특례**

01 소득세법상 1세대 1주택(고가주택 제외) 비과세 규정에 관한 설명으로 틀린 것은? (단, 거주자의 국내 주택을 가정, 조정대상 지역이 아님) 제24회
① 1세대 1주택 비과세 규정을 적용하는 경우 부부가 각각 세대를 달리 구성하는 경우에도 동일한 세대로 본다.
② 「해외이주법」에 따른 해외이주로 세대전원이 출국하는 경우 출국일 현재 1주택을 보유하고 있고 출국일로부터 2년 이내에 당해 주택을 양도하는 경우 보유기간 요건을 충족하지 않더라도 비과세한다.
③ 1주택을 보유하는 자가 1주택을 보유하는 자와 혼인함으로써 1세대가 2주택을 보유하게 되는 경우 혼인한 날부터 5년 이내에 먼저 양도하는 주택(보유기간 4년)은 비과세한다.
④ 「건축법 시행령」 별표 1 제1호 다목에 해당하는 다가구주택은 해당 다가구주택을 구획된 부분별로 양도하지 아니하고 하나의 매매단위로 하여 양도하는 경우 그 구획된 부분을 각각 하나의 주택으로 본다.
⑤ 양도일 현재 「임대주택법」에 의한 건설임대주택 1주택만을 보유하는 1세대는 당해 건설임대주택의 임차일부터 당해 주택의 양도일까지의 거주기간이 5년 이상인 경우 보유 기간 요건을 충족하지 않더라도 비과세한다

02 다음 중 1세대 1주택 비과세를 받을 수 있는 경우로서 옳은 것은? 제25회
① 甲은 초등학생인 자녀의 취학문제로 1년 동안 거주하던 주택을 양도하고 서울로 이전하였다.
② 1년 보유하던 주택 및 그 부수토지(사업인정고시일 이전에 취득한 주택 및 부수토지에 한한다)가 공공사업으로 수용된 경우
③ 실지거래가액이 7억원인 아파트를 1년 보유하고 6개월 거주하던 중 질병 요양 등으로 양도하고 대전으로 이사 한 경우
④ 해외이주로 출국 후 5년만에 국내소재 주택을 양도한 경우
⑤ 1년 거주한 주택을 근무상 형편으로 양도하고 동일 시·군으로 주거를 이전한 경우

Answer 01. ④ 02. ②

03 소득세법상 거주자의 양도소득세 비과세에 관한 설명으로 옳은 것은? 제27회

① 국내에 1주택만을 보유하고 있는 1세대가 해외 이주로 세대 전원이 출국하는 경우 출국일로부터 3년이 되는 날 해당 주택을 양도하면 비과세된다.

② 법원의 결정에 의하여 양도 당시 취득에 관한 등기가 불가능한 미등기 주택은 양도소득세 비과세가 배제되는 미등기 양도자산에 해당하지 않는다.

③ 직장의 변경으로 세대 전원이 다른 시로 주거를 이전하는 경우 6개월간 거주한 1주택을 양도하면 비과세된다.

④ 양도 당시 실지거래가액이 15억원인 1세대 1주택의 양도로 발생하는 양도차익 전부가 비과세된다.

⑤ 농지를 교환할 때 쌍방 토지가액의 차액이 가액이 큰 편의 3분의 1인 경우 소득은 비과세된다.

04 1세대 1주택 요건을 충족하는 거주자 甲이 다음과 같은 단층 겸용주택(주택은 국내 상시주거용이며, 수도권 녹지지역 내 존재)을 7억원에 양도하였을 경우 양도소득세가 과세되는 건물면적과 토지면적으로 옳은 것은? (단, 주어진 조건 외에는 고려하지 않음) 제26회

- 건물: 주택 80m², 상가 120m²
- 토지: 건물 부수토지 800m²

① 건물 120m², 토지 320m²
② 건물 120m², 토지 400m²
③ 건물 120m², 토지 480m²
④ 건물 200m², 토지 400m²
⑤ 건물 200m², 토지 480m²

05 「소득세법」상 1세대 1주택 고가주택에 해당하지 않고 등기된 주택임을 양도한 경우로서 양도소득세 비과세 대상이 아닌 것은? (단, 취득 당시에 조정대상지역은 아닌 것으로 가정함) 제18회

① 서울특별시에 소재하는 주택을 2년 동안 보유하고 보유기간 중 1년 동안 거주한 후 양도한 경우

② 부산광역시에 소재하는 주택을 1년 6개월 동안 보유하고 양도한 경우로서 양도일부터 6개월 전에 세대 전원이 해외이주법에 따른 해외 이주로 출국한 경우

③ 대전광역시에 소재하는 주택을 1년 6개월 동안 보유하고 6개월 동안 거주하던 중 양도한 경우로서 기획재정부령이 정하는 근무상의 형편으로 다른 시로 이사한 경우

④ 광주광역시에 소재하는 주택을 1년 동안 보유하고 양도한 경우로서 양도일부터 6개월 전에 2년 동안 해외 거주를 필요로 하는 근무상의 형편으로 세대 전원이 출국한 경우

⑤ 민간건설임대주택 또는 공공건설임대주택을 취득하여 양도하는 경우로서 해당 건설임대주택을 1년 전에 취득하여 양도한 경우로서 해당 건설임대주택의 임차일부터 해당 주택의 양도일까지의 기간 중 세대 전원이 거주한 기간이 7년인 경우

06 소득세법상 거주자의 국내 소재 1세대 1주택인 고가주택과 그 양도소득세에 관한 설명으로 틀린 것은? 제31회

① 거주자가 2024년 취득 후 계속 거주한 법령에 따른 고가주택을 2025년 5월에 양도하는 경우 장기보유특별공제의 대상이 되지 않는다.

② "고가주택"이란 기준시가 12억원을 초과하는 주택을 말한다.

③ 법령에 따른 고가주택에 해당하는 자산의 장기보유특별공제액은 소득세법 제95조 제2항에 따른 장기보유특별공제액에 "양도가액에서 12억원을 차감한 금액이 양도가액에서 차지하는 비율"을 곱하여 산출한다.

④ 법령에 따른 고가주택에 해당하는 자산의 양도차익은 소득세법 제95조 제1항에 따른 양도차익에 "양도가액에서 12억원을 차감한 금액이 양도가액에서 차지하는 비율"을 곱하여 산출한다.

⑤ 건축법 시행령 [별표1]에 의한 다가구주택을 구획된 부분별로 양도하지 아니하고 하나의 매매단위로 양도하여 단독주택으로 보는 다가구주택의 경우에는 그 전체를 하나의 주택으로 보아 법령에 따른 고가주택 여부를 판단한다.

Answer 05. ③ 06. ②

07 소득세법상 양도소득세 비과세 대상인 1세대 1주택을 거주자 甲이 특수관계 없는 乙에게 다음과 같이 양도한 경우, 양도소득세의 비과세에 관한 규정을 적용할 때 비과세받을 세액에서 뺄 금액은 얼마인가? (단, 다음 제시된 사항만 고려함) 제22회

> • 매매(양도)계약 체결일: 2025.7.10.
> • 매매(양도)계약서상의 거래가액: 3억5천만원
> • 양도시 시가 및 실지거래가액: 3억원
> • 甲의 주택에 양도소득세 비과세에 관한 규정을 적용하지 않을 경우 양도소득 산출세액: 3천만원

① 0원
② 1천만원
③ 2천만원
④ 3천만원
⑤ 5천만원

핵심기출문제 | **국외자산양도**

01 거주자 甲은 2025년에 국외에 1채의 주택을 미화 1십만 달러(취득자금 중 일부 외화 차입)에 취득하였고 2025년에 동 주택을 미화 2십만 달러에 양도하였다. 이 경우 소득세법상 설명으로 틀린 것은? (단, 甲은 해당 자산의 양도일까지 계속 5년 이상 국내에 주소를 둠) 제32회

① 甲의 국외 주택에 대한 양도차익은 양도가액에서 취득가액과 필요경비개산공제를 차감하여 계산한다.
② 甲이 국외 주택 양도로 발생하는 소득이 환율변동으로 인하여 외화차입금으로부터 발생하는 환차익을 포함하고 있는 경우에는 해당 환차익을 양도소득의 범위에서 제외한다.
③ 甲의 국외 주택 양도에 대해서는 해당 과세기간의 양도소득금액에서 연 250만원을 공제한다.
④ 甲은 국외 주택을 3년 이상 보유하였음에도 불구하고 장기보유특별공제액은 공제하지 아니한다.
⑤ 甲은 국외 주택의 양도에 대하여 양도소득세의 납세의무가 있다.

Answer 07. ④ / 01. ①

02 국내에 주택 1채와 토지를, 국외에 1채의 주택을 소유하고 있는 거주자 甲이 2025년 중 해당 소유 부동산을 모두 양도하는 경우, 이에 관한 설명으로 틀린 것은? [단, 국내 소재 부동산은 모두 등기되었으며, 주택은 고가주택이 아님(조정대상지역이 아님)]

제23회

① 甲이 국내주택을 먼저 양도하는 경우 2년 이상 보유한 경우라도 1세대 2주택에 해당하므로 양도소득세가 과세된다.

② 甲이 국외 주택의 양도일까지 계속 5년 이상 국내에 주소를 둔 거주자인 경우 국외 주택의 양도에 대하여 양도소득세 납세의무가 있다.

③ 甲의 부동산양도에 따른 소득세의 납세지는 甲의 주소지를 원칙으로 한다.

④ 국외 주택 양도소득에 대하여 납부하였거나 납부할 국외 주택 양도소득세액은 해당 과세기간의 국외 주택 양도소득금액 계산상 필요경비에 산입할 수 있다.

⑤ 국외 주택의 양도에 대하여는 연 250만원의 양도소득기본공제를 적용받을 수 있다.

03 거주자 甲이 국외에 있는 양도소득세 과세대상 X 토지를 양도함으로써 소득이 발생하였다. 다음 중 틀린 것은? (단, 해당 과세기간에 다른 자산의 양도는 없음)

제30회

① 甲이 X 토지의 양도일까지 계속 5년 이상 국내에 주소 또는 거소를 둔 경우에만 해당 양도소득에 대한 납세의무가 있다.

② 甲이 국외에서 외화를 차입하여 X 토지를 취득한 경우 환율변동으로 인하여 외화차입금으로부터 발생한 환차익은 양도소득의 범위에서 제외한다.

③ X 토지의 양도가액은 양도 당시의 실지거래가액으로 하는 것이 원칙이다.

④ X 토지에 대한 양도차익에서 장기보유특별공제액을 공제한다.

⑤ X 토지에 대한 양도소득금액에서 양도소득 기본공제 250만원을 공제한다.

Answer   02. ①   03. ④

04 소득세법상 국외자산 양도에 관한 설명으로 옳은 것은? 제25회

① 양도차익 계산시 필요경비의 외화환산은 지출일 현재 「외국환거래법」에 의한 기준환율 또는 재정환율에 의한다.

② 국외자산 양도시 양도소득세의 납세의무자는 국외자산의 양도일까지 계속하여 3년간 국내에 주소를 둔 거주자이다.

③ 미등기 국외토지에 대한 양도소득세율은 70%이다.

④ 장기보유특별공제는 국외자산의 보유기간이 3년 이상인 경우에만 적용된다.

⑤ 국외자산의 양도가액은 실지거래가액이 있더라도 양도당시 현황을 반영한 시가에 의하는 것이 원칙이다.

05 소득세법상 국외자산의 양도에 대한 양도소득세 과세에 있어서 국내자산의 양도에 대한 양도소득세 규정 중 준용하지 않는 것은? 제27회

① 비과세 양도소득   ② 양도소득 과세표준의 계산

③ 기준시가의 산정   ④ 양도소득의 부당행위계산

⑤ 양도 또는 취득의 시기

06 소득세법상 거주자(해당 국외자산 양도일까지 계속 5년 이상 국내에 주소를 두고 있음)가 2025년에 양도한 국외자산의 양도소득세에 관한 설명으로 틀린 것은? (단, 국외 외화차입에 의한 취득은 없음) 제31회

① 국외에 있는 부동산에 관한 권리로서 미등기 양도자산의 양도로 발생하는 소득은 양도소득의 범위에 포함된다.

② 국외 토지의 양도에 대한 양도소득세를 계산하는 경우에는 장기보유특별공제액은 공제하지 아니한다.

③ 양도 당시의 실지거래가액이 확인되더라도 외국정부의 평가가액을 양도가액으로 먼저 적용한다.

④ 해당 과세기간에 다른 자산의 양도가 없을 경우 국외토지의 양도에 대한 양도소득이 있는 거주자에 대해서는 해당 과세기간의 양도소득금액에서 연 250만원을 공제한다.

⑤ 국외토지의 양도소득에 대하여 해당 외국에서 과세를 하는 경우로서 법령이 정한 그 국외자산 양도소득세액을 납부하였거나 납부할 것이 있을 때에는 외국납부세액의 세액공제방법과 필요경비 산입방법 중 하나를 선택하여 적용할 수 있다.

Answer   04. ①   05. ③   06. ③

07 소득세법령상 거주자가 2025년에 양도한 국외자산의 양도소득세에 관한 설명으로 틀린 것은? (단, 거주자는 해당 국외자산 양도일까지 계속 5년 이상 국내에 주소를 두고 있으며, 국외 외화차입에 의한 취득은 없음) 제35회

① 국외 자산의 양도에 대한 양도소득이 있는 거주자는 양도소득 기본공제는 적용 받을 수 있으나 장기보유 특별공제는 적용 받을 수 없다.

② 국외 부동산을 양도하여 발생한 양도차손은 동일한 과세기간에 국내 부동산을 양도하여 발생한 양도소득금액에서 통산할 수 있다.

③ 국외 양도자산이 부동산임차권인 경우 등기여부와 관계없이 양도소득세가 과세된다.

④ 국외자산의 양도가액은 그 자산의 양도 당시의 실지거래가액으로 한다. 다만, 양도 당시의 실지거래가액을 확인할 수 없는 경우에는 양도자산이 소재하는 국가의 양도 당시 현황을 반영한 시가에 따르되, 시가를 산정하기 어려울 때에는 그 자산의 종류, 규모, 거래상황 등을 고려하여 대통령령으로 정하는 방법에 따른다.

⑤ 국외 양도자산이 양도 당시 거주자가 소유한 유일한 주택으로서 보유기간이 2년 이상인 경우에도 1세대 1주택 비과세 규정을 적용받을 수 없다.

박문각 공인중개사

정답 및 해설

Answer 물납과 분납

01 정답 ③

1. 재산세 도시지역분의 경우도 물납이 가능하다.
2. 부가세인 지방교육세는 물납은 할 수 없지만 분납은 가능하다.
3. 재산에 병기되는 소방분 지역자원시설세도 분납이 가능하다.

🌱 **물납과 분납**

구 분		재산세	종합부동산세	양도소득세
물 납	물납요건	1,000만원 초과	×	×
	대 상	관할구역 내 부동산		
분 납	요 건	250만원 초과(3개월 이내)	250만원 초과(6개월 이내)	1,000만원 초과(2개월 이내)
	금 액	① 500만원 이하 : 250만원 초과 금액 ② 500만원 초과 : 50/100 이하 금액	① 500만원 이하 : 250만원 초과 금액 ② 500만원 초과 : 50/100 이하 금액	① 2,000만원 이하 : 1,000만원 초과 금액 ② 2,000만원 초과 : 50/100 이하 금액

02 정답 ④

ⓒ 재산세 도시지역분: 물납은 가능하고, 부가세 대상은 아니다.

Answer 조세의 분류

01 정답 ⑤

⑤ 등록면허세는 도세 및 구세에 해당하기 때문에 특별시, 광역시세에 해당하지 아니한다.

1. 등록면허: 도세 및 구(자치구)세
2. 취득세: 특별시, 광역시, 도세
3. 재산세: 시, 군, 구(자치구)세

02 정답 ④

ⓛ 농어촌특별세: 취득, 보유, 양도단계에 공통인 조세

ⓔ 지방교육세: 취득과 보유단계 공통인 조세

ⓜ 인지세: 취득과 양도단계 부과되는 조세

ⓐ 재산세: 보유 관련 조세

ⓒ 종합부동산세: 보유 관련 조세

☑참고 부동산 활동에 따른 분류

① 취득과 보유단계(만)에 부과되는 조세: 지방교육세
② 보유·양도단계(만)에 부과되는 조세: 지방소득세, 종합소득세
③ 취득과 양도단계(만)에 부과되는 조세: 인지세
④ 취득·보유·양도단계에 부과되는 조세: **농어촌특별세**, **부가가치세**, **지방소비세**

03 정답 ⑤

ⓐ 농어촌특별세: 취득·보유·양도 공통인 조세

ⓛ 지방교육세: 취득과 보유단계 공통인 조세

ⓒ 개인지방소득세: 보유와 양도단계 공통인 조세

ⓔ 소방분에 대한 지역자원시설세: 재산세 병기고지 세목

04 정답 ④

④ 취득세는 취득단계에 부과되는 조세이다.

05 정답 ②

② 종합부동산세: 국세+보유 관련 조세

① 재산세: 지방세+보유 관련 조세

③ 등록면허세: 지방세+취득 관련 조세

④ 양도소득세: 국세+양도 관련 조세

⑤ 취득세: 지방세+취득 관련 조세

06 정답 ①

② 종합소득세: 지방소득세(부가세가 아님)

③ 종합부동산세: 농어촌특별세

⑤ 등록면허세: 보유 관련 조세가 아님

Answer 조세의 용어정의

01 정답 ①

구 분			가산세
지방세	취득세, 등록면허세	신고불성실 가산세	
		무신고	무신고 · 납부세액의 20%(부정 : 40%)
		과소신고	과소신고 · 납부세액의10%(부정 : 40%)
	납부지연가산세		1일(0.022%) : 75/100 한도
국 세	양도소득세	신고불성실 가산세	
		무신고	무신고 · 납부세액의 20%(부정 : 40%)
		과소신고	과소신고 · 납부세액의 10%(부정 : 40%)
	납부지연가산세		1일 22/100,000(0.022%)

02 정답 ①

① "보통징수"란 세무공무원이 납세고지서를 해당 납세자에게 발급하여 지방세를 징수하는 것을 말한다.

Answer 납세의무 성립 · 확정 · 소멸

01 정답 ①

② 거주자의 양도소득에 대한 지방소득세 : 매년 12월 31일

③ 재산세에 부가되는 지방교육세 : 매년 6월 1일

④ 중간예납하는 소득세 : 매년 6월 30일

⑤ 자동차 소유에 대한 자동차세 : 납기가 있는 달의 1일

📝참고 **납세의무의 성립·확정시기**

1. 지방세

구 분	납세의무 성립(추상적)	납세의무 확정(구체적)
취득세	과세물건을 취득하는 때	신고하는 때
등록면허세	등기 또는 등록을 하는 때	신고하는 때
재산세, 소방분 지역자원시설세	과세기준일(매년 6월 1일)	결정하는 때
지방교육세	과세표준이 되는 세목의 납세의무가 성립하는 때	• 신고·납부: 신고하는 때 • 보통징수: 결정하는 때
지방소득세	과세표준이 되는 소득세 법인세 납세의무 성립하는 때	신고하는 때
주민세 (개인, 사업소)	과세기준일(매년 7월 1일)	• 개인분: 결정하는 때 • 사업소분: 신고하는 때
수시부과하는 조세	수시부과 사유가 발생하는 때	결정하는 때

2. 국 세

구 분		납세의무 성립	납세의무 확정
소득세	확정신고	과세기간이 끝나는 때	신고하는 때
	예정신고	과세표준이 되는 금액이 발생한 달의 말일	신고하는 때
	중간예납	중간예납기간이 끝나는 때	신고하는 때
종합부동산세		과세기준일(매년 6월 1일)	• 원칙: 결정하는 때 • 예외: 신고하는 때
상속세		상속을 개시하는 때	결정하는 때
증여세		증여 재산을 취득하는 때	결정하는 때
인지세		과세문서를 작성하는 때	작성하는 때 동시 확정

02 정답 ④

㉠ 소득세 : 과세기간이 끝나는 때(매년 12월 31일)

㉡ 농어촌특별세 : 본세의 납세의무가 성립하는 때

03 정답 ④

④ 소득세는 과세기간이 끝나는 때 납세의무가 성립한다.

04 정답 ③

㉠ 취득세: 지방세＋신고할 때 납세의무가 확정된다.

㉤ 종합부동산세: 국세＋과세권자가 결정하는 납세의무자 확정된다(단, 신고·납부를 선택하는 경우에는 신고할 때 납세의무가 확정된다).

㉣ 양도소득세: 국세＋신고할 때 납세의무가 확정된다.

05 정답 ④

1. 재산세: 과세권자가 결정할 때 확정된다.
2. 종합부동산세: 정부가 결정할 때 확정되는 것이 원칙이다. 다만, 신고납부를 선택하는 경우에는 신고할 때 확정된다.

06 정답 ①

② 양도소득세 ③ 등록면허세 ④ 취득세: 신고납부조세로 신고할 때 납세의무가 확정되는 조세이다.

⑤ 재산세: 과세권자가 결정할 때 납세의무가 확정되는 지방세이다.

07 정답 ①

② 소득세는 과세기간이 끝나는 때에 납세의무가 성립하고, 납세의무자가 과세표준과 세액을 신고하는 때에 확정된다.

③ 취득세는 과세물건을 취득하는 때 납세의무가 성립하고, 납세의무자가 신고하는 때 납세의무가 확정되는 조세이다.

④ 등록면허세는 재산권 등을 등기 또는 등록하는 때에 납세의무가 성립하고, 납세의무자의 신고가 있는 경우 신고할 때 납세의무가 확정되고 신고를 하지 아니한 경우 지방자치단체가 과세표준과 세액을 결정하는 때에 확정된다.

⑤ 재산세는 과세기준일에 납세의무가 성립하고, 과세표준과 세액을 지방자치단체가 결정하는 때에 확정된다.

Answer 　납세의무 소멸사유

01 정답 ③

㉢, ㉻은 소멸사유에 해당하지 아니한다.

☑참고 **납세의무의 소멸**

1. 소멸사유
   ① 납부
   ② 충당
   ③ 부과취소

④ 부과권의 제척기간의 만료

⑤ 징수권의 소멸시효 완성

2. 소멸사유 제외

① 부과철회

② 납세자의 사망

③ 결손처분

④ 법인 합병

02 정답 ⑤

① 납세자가 법정신고기한까지 소득세의 과세표준 신고서를 제출하지 아니하여 해당 지방소득세를 부과할 수 없는 경우에 지방세 부과 제척기간은 7년이다.

② 지방세에 관한 불복시 불복청구인은 이의신청을 거치지 않고 심판청구를 제기할 수 있다.

③ 취득세는 원칙적으로 신고·납부 방법에 의하고 신고를 하지 아니한 경우 가산세를 추가하여 보통징수 방법으로 징수한다.

④ 납세의무자가 지방세관계법에 따른 신고기한까지 지방세를 신고하지 않은 경우 산출세액의 100분의 20을 가산세로 부과한다.

03 정답 ④

1. 국세 부과 제척기간

구 분		제척기간
원 칙	역외거래에 부정행위로 국세를 포탈하거나 환급·공제시	15년
	사기나 그 밖의 부정행위로 국세를 포탈·환급·공제시	10년
	법정신고기한까지 과세표준신고서를 제출하지 않은 경우	7년
	기 타	5년
상속세·증여세	− 부정행위로 상속세 증여세를 포탈·환급·공제받은 경우 − 신고서를 제출하지 않은 경우 − 거짓신고 또는 누락신고를 한 경우	15년
	기타의 경우	10년

부담부증여를 통한 양도시 채무인수한 부분은 양도소득세 과세대상이지만 제척기간은 증여세의 제척기간을 따른다.

☑참고 **제척기간의 기산일**

1. 신고·납부 세목 : 신고기한의 다음 날

2. 보통징수 세목 : 납세의무 성립일

3. 소멸시효의 기산일

① 신고에 의해 납세의무가 확정되는 조세 : 그 법정 신고·납부기한의 다음 날

② 과세표준과 세액을 정부가 결정·경정하는 세액 : 그 고지에 따른 납부기한의 다음 날

2. 지방세 부과 제척기간

구 분		제척기간
지방세	- 사기나 그 밖의 부정 행위로 지방세를 포탈·환급·공제시 - 상속 또는 증여(부담부증여로 인한 취득 포함)를 원인으로 취득하는 경우와 명의신탁 약정으로 실권리자가 사실상 취득하는 경우로서 법정신고기한까지 신고서를 제출하지 않는 경우 - 타인의 명의로 법인의 주식 또는 지분을 취득하였지만 해당 주식 또는 지분의 실권리자인 자가 과점주주가 되어 해당 법인의 부동산등을 취득한 것으로 보는 경우 - 부담부증여로 취득한 경우	10년
	법정신고기한까지 신고서를 제출하지 않은 경우	7년
	그 밖의 경우	5년

04 정답 ③

① 납세지가 조세범처벌법에 따른 사기나 그 밖의 부정한 행위로 종합소득세를 포탈하는 경우(역외거래 제외) 그 국세를 부과할 수 있는 날부터 10년을 부과제척기간으로 한다.

② 지방국세청장은 행정소송법에 따른 소송에 대한 판결이 확정된 경우 그 판결이 확정된 날부터 1년이 지나기 전까지 경정이나 그 밖에 필요한 처분을 할 수 있다.

④ 종합부동산세의 경우 부과제척기간의 기산일은 납세의무 성립일(6/1)이다.

⑤ 납세자가 법정신고기한까지 과세표준신고서를 제출하지 아니한 경우(역외거래는 제외)에는 해당 국세를 부과할 수 있는 날부터 7년을 부과제척기간으로 한다.

05 정답 ⑤

① 가산세를 제외한 국세가 **10억원**인 경우 국세징수권은 10년 동안 행사하지 아니하면 소멸시효가 완성된다(체납금액이 5억원 이상이면 10년).

② 가산세를 제외한 지방세가 **1억원**인 경우 지방세징수권은 10년 동안 행사하지 아니하면 소멸시효가 완성된다(체납금액이 5천만원 이상이면 10년).

③ 가산세를 제외한 지방세가 **5천만원**인 경우 지방세징수권은 10년 동안 행사하지 아니하면 소멸시효가 완성된다(5천만원 이상이면 10년이므로 5천만원인 경우 10년).

④ 과세표준과 세액을 정부가 **결정, 경정 또는 수시부과**결정하는 경우 납부고지한 세액에 대해서는 그 **고지에 따른 납부기한의 다음 날이다.**

Answer 조세와 다른 채권의 관계

01 정답 ②

② 종합부동산세와 소방분에 대한 지역자원시설세가 우선하는 조세에 해당한다. 지방교육세는 재산세와 자동차세에 부가되는 경우에만 우선하는 조세이다.

📝참고 **조세와 일반채권의 관계**

1. 조세의 법정기일 전에 설정된 피담보채권보다 **그 재산에 대하여 부과된** 조세는 항상 피담보채권보다 우선하여 징수한다.
   ① 국세: 상속세, 증여세, 종합부동산세
   ② 지방세: 재산세, 자동차세, 소방분에 대한 지역자원시설세, 지방교육세(재산세와 자동차세에 부가되는 지방교육세만 해당)
2. 경매·공매시 해당 재산에 부과된 상속세, 증여세 및 종합부동산세와 재산세 등의 법정기일이 임차인의 확정일자보다 늦은 경우 그 배분 예정액에 한하여 주택임차보증금에 먼저 배분할 수 있도록 한다.

📝참고 **법정기일**

1. 신고·납부 조세: 그 신고일
2. 보통징수 조세: 납세고지서 발송일

📝참고 **조세 우선 순위**

1. 지방자치단체 징수금 징수 순위: 체납처분비 - 지방세(가산세 제외) - 가산세
2. 국세의 징수 순위: 강제징수비 - 국세(가산세 제외) - 가산세
3. 조세채권 사이의 우선 순위: 담보된 조세 - 압류된 조세 - 교부청구된 조세

02 정답 ①

① 담보있는 조세채권은 납세담보물 매각시 압류에 관계되는 조세채권보다 우선하여 징수한다.

📝참고 **조세채권의 징수 순위**

1순위: 담보된 조세, 2순위: 압류된 조세, 3순위: 교부청구된 조세

03 정답 ④

④ 소득세는 그 재산에 부과된 조세(재산세, 종합부동산세, 지방교육세, 소방분 지역자원시설세 등)가 아니다. 따라서 소득세를 강제징수하는 경우 전세권 설정된 주택을 양도한 경우에도 전세권 설정당시 체납된 조세가 없었기 때문에 양도 후 현재 소유자가 소득세를 체납하였어도 전세권 설정이 먼저 되었으므로 소득세는 전세권에 우선하지 못한다.

01 정답 ④

ⓛ 이의신청인은 신청 또는 청구 금액이 1천만원 미만인 경우에는 그의 배우자 4촌 이내 혈족 또는 그의 배우자의 4촌 이내 혈족을 대리인으로 선임할 수 있다.

ⓒ 보정기간은 결정기간에 포함하지 아니한다.

㉠ 통고처분은 이의신청 또는 심판청구의 대상이 되는 처분에 포함되지 아니한다.

㉣ 이의신청을 거치지 아니하고 바로 심판청구를 할 수 있다.

02 정답 ③

③ 지방세에 관한 불복시 불복청구인은 심판청구와 그에 대한 결정을 거치지 아니하면 행정소송을 제기할 수 없다.

☑참고

1. 다음에 해당하는 경우에는 이의신청 또는 심판청구를 할 수 없다.
   ① 이의신청 또는 심판청구에 대한 처분
   ② 지방세기본법 제121조 제1항에 따른 통고처분
   ③ 감사원법에 따라 심사청구를 한 처분
   ④ 과세 전 적부심사의 청구에 대한 처분
   ⑤ 지방세기본법에 따른 과태료 처분
2. 결정방법
   ① 이의신청이 적법하지 아니한 때 또는 이의신청 기간이 지났거나 보정기간이 필요한 보정을 하지 아니한 때
   ② 이의신청이 이유 없다고 인정될 때: 신청을 각하하는 결정
   ③ 이의신청이 이유 있다고 인정될 때: 신청의 대상이 된 처분의 취소 결정 또는 필요한 처분의 결정

03 정답 ④

④ 이의신청, 심판청구는 그 처분의 집행에 효력을 미치지 아니한다. 다만, 압류한 재산에 대하여는 이의신청, 심판청구의 결정처분이 있는 날부터 30일까지 공매처분을 보류할 수 있다.

04 정답 ④

① 공유물(공동주택의 공유물은 제외) 공동사업 또는 그 공동사업에 속하는 재산에 관계되는 지방자치단체의 징수금은 공유자가 연대하여 납부할 의무를 진다.

② 공동으로 소유한 자산에 대한 양도소득금액을 계산하는 경우에는 해당 자산을 공동으로 소유하는 각 거주자가 납세의무를 진다. 따라서 양도소득세 연대납세의무가 없다.

③ 공동사업에 관한 소득금액을 계산하는 경우에는 해당 공동사업자별로 납세의무를 진다. 다만, 주된 공동사업자에게 합산과세되는 경우 그 합산과세되는 소득금액에 대해서는 주된 공동사업자의 특수관계인은 손익분배비율에 해당하는 그의 소득금액을 한도로 주된 공동사업자와 연대하여 납세의무를 진다.

⑤ 어느 연대납세의무자에 대하여 소멸시효가 완성된 때에는 그 부담부분에 한하여 다른 연대납세의무자도 의무를 면한다.

05 정답 ②

② 기한을 정하여 납세고지서를 송달하였더라도 서류가 도달한 날부터 7일 이내에 납부기한이 되는 경우 지방자치단체의 징수금의 납부기한은 해당 서류가 도달한 날부터 14일이 지난 날로 한다.

📝참고 **송달지연으로 인한 납부기한의 연장**

기한을 정하여 납세고지서, 납부통지서, 독촉장 또는 납부최고서를 송달하였더라도 다음 어느 하나에 해당하면 지방자치단체의 징수금의 납부기한은 해당 서류가 도달한 날부터 14일이 지난 날로 한다.
1. 서류가 납부기한이 지난 후에 도달한 경우
2. 서류가 도달한 날부터 7일 이내에 납부기한이 되는 경우

06 정답 ④

④ 송달할 장소에서 서류를 송달 받을 자를 만나지 못하였을 때에는 그의 사용인 그 밖의 종업원 또는 동거인으로서 사리를 분별할 수 있는 사람이 정당한 사유없이 서류의 수령을 거부하면 송달할 장소에 서류를 둘 수 있다. 이를 유치송달이라 한다.

Answer 취득의 구분

01 **정답** ③

ⓒ 임시흥행장, 공사현장사무소 등 임시건축물의 취득(다만, 존속기간이 1년을 초과하지 아니하는 경우를 말한다)의 경우 취득세를 비과세한다. 단, 존속기간이 1년을 초과하는 경우 중과기준세율을 적용한다.

❤ 취득의 구분

취득	사실상의 취득	승계취득	유상승계취득 : 매매·교환·현물출자 등
			무상승계취득 : 상속·증여·기부
		원시취득	토지 : 공유수면 매립·간척으로 토지 조성
			건축물 : 신축·재축
			선박 : 건조
			차량·기계장비·항공기 : 제조·조립
			광업권·어업권·양식업권 : 출원에 의한 취득
			민법상 시효취득
	간주취득(취득의제)		토지 : 지목변경으로 인하여 가액의 증가
			건축물 : 개수로 가액증가
			차량·기계장비·선박 : 종류변경으로 가액의 증가
			과점주주의 주식·지분취득 : 50% 초과 취득(비상장법인)

02 정답 ③

ⓛ 최초로 과점주주가 된 경우 지분 전체를 취득한 것으로 본다.

ⓒ 이미 과점주주의 경우 증가된 비율만큼 취득으로 간주한다.

참고 | 과점주주(비상장법인 주식 50% 초과)

1. **설립** 당시 과점주주 : 과세 ×
2. **최초** 과점주주 : 40% − 60% → **전체** 과세(60%)
3. **재차** 과점주주 : 60% − 40% − 70% → **이전 과점주주** 지분보다 **증가분**(10%)
4. **이미** 과점주주 : 55% − 70% − 60% − 80% → **이전 최고지분보다** 증가한 경우 **증가분**(10%) 과세
5. 다른 주주로부터 주식을 취득하거나 증자로 지분이 증가
6. 해당 법인의 신탁재산이 있는 경우 신탁재산도 취득으로 간주
7. 과점주주 집단내부 및 특수관계자 간의 주식거래가 발생하였으나 과점주주 총주식 비율에 변동이 없는 경우 납세의무가 없다.
8. 법인이 새로운 자산을 취득하여도 과점주주의 주식비율이 변동 없으면 과세하지 않는다.

03 정답 ①

1. 법인 설립시 10,000주 중 5,000주 보유(50%)로 과점주주가 아님
2. 2023년 4월 29일 1,000주 추가로 6,000주 보유(60%). 최초 과점주주로 60% 과세
3. 2024년 7월 18일 주식 처분(3,000주)
4. 2025년 9월 15일 4,000주 취득으로 7,000주 보유(70%)하여 재차 과점주주가 된 경우 종전 지분(60%)보다 증가된 부분(10%)에 대해 과세

04 정답 ④

1. 주식보유 현황

① 2023년 3월 10일 설립시 갑의 지분 : 20,000/50,000 = 40%

② 2025년 10월 5일 증자 후 갑의 지분 : 60,000/100,000 = 60%(최초 과점주주 : 60%를 취득으로 간주)

2. 취득세 과세표준 : 10억원(4억원+5억원+1억원)×60% = 6억원

Answer | 납세의무자

01 정답 ④

배우자 직계존비속으로부터 취득 : 증여로 취득한 것으로 본다(추정). 단, 다음의 경우에는 유상으로 취득한 것으로 본다(**파 경 대 교**).

> 1. 공매를 통하여 취득
> 2. 파산선고로 인하여 처분되는 부동산을 취득
> 3. 등기를 요하는 부동산을 교환하는 경우
> 4. 대가를 지급한 사실이 입증되는 경우

▼ **취득세 납세의무자 : 사실상 취득자**(등기 · 등록과 관계없이)

납세의무자	취득 유형
주체구조부 취득자	건축물 중 조작 설비, 그 밖의 부대설비에 속하는 부분으로서 그 **주체구조부**와 하나가 되어 건축물로서의 효용가치를 이루고 있는 것에 대하여는 주체구조부 이외의 자가 부대설비를 가설한 경우
상속인	상속으로 취득하는 경우
조합원	**조합원용**으로 취득하는 주택조합용 부동산. 단, 조합원에게 귀속되지 아니하는 부동산은 제외
변경시점의 소유자	토지의 지목변경 등
시설대여업자	건설기계나 차량의 시설대여를 하는 경우
새로운 위탁자	신탁재산의 위탁자 지위 이전의 경우

1. 도시개발법에 따른 도시개발사업(환지 방식만 해당)의 시행으로 토지의 지목이 사실상 변경된 때에는 그 환지계획에 따라 공급되는 **환지는 조합원**이 **체비지, 보류지는 사업시행자**가 각각 취득한 것으로 본다.

2. 도시개발법에 따른 도시개발사업과 도시 및 주거환경정비법에 따른 정비사업의 시행으로 해당 사업의 대상이 되는 부동산의 소유자(상속인을 포함한다)가 환지계획 또는 관리처분계획에 따라 공급받거나 토지상환채권으로 상환받는 **건축물**은 그 소유자가 **원시취득**한 것으로 보며 **토지의** 경우에는 그 소유자가 **승계취득**한 것으로 본다. 이 경우 토지는 당초 소유한 토지면적을 초과하는 경우로서 그 초과한 면적에 해당하는 부분에 한정하여 취득한 것으로 본다.

3. 상속개시 후 재분할 : 상속개시 후 상속분이 확정되어 등기 등이 된 후 그 상속재산에 대하여 공동 상속인이 협의하여 재분할 한 결과 당초 상속분을 초과하여 취득하는 경우 상속분이 감소한 상속인으로부터 **증여**로 취득한 것으로 본다.

4. **甲 소유** 미등기 건물에 대하여 乙이 채권확보를 위하여 법원의 판결에 의한 소유권이전등기를 甲의 명의로 등기할 경우의 취득세 납세의무자는 **甲에게 있다.**

① 부동산 등기법에 따라 대위등기를 하고자 하는 채권자는 취득세 과세물건을 취득한 자를 대신하여 취득세를 신고할 수 있다.

② 이 경우 채권자대위자는 행정안전부령으로 정하는 바에 따라 납부확인서를 발급받을 수 있다.

③ 지방자치단체의 장은 대위자의 신고가 있는 경우 납세의무자에게 신고접수 사실을 즉시 통보하여야 한다.

5. 공간법상 대(垈) 중 택지공사가 준공된 토지

① 정원 및 부속시설물 설치 : 토지소유자

② 건축물 건축하면서 정원 및 부속시설물 설치 : **건축물 취득자**

02 정답 ⑤

⑤ 증여자의 채무를 인수하는 부담부증여(배우자 직계존비속은 제외)로 취득한 경우로서 그 채무액에 상당하는 부분은 유상취득으로 보고 채무액을 제외한 나머지 부분의 경우 무상취득으로 본다.

▼ 부담부증여의 경우

구 분			유 형
일반적인 경우	**채무액**		**유상**
	채무 외		증여
배우자 또는 직계존비속	채 무	원 칙	**증여**
		입증되는 경우 ① **공매(경매)** ② **파산선고** ③ **교환** ④ **대가지급** : 소득, 재산 처분·담보 등	**유상**
	채무 외		증여

03 정답 ②

② 건축물 중 조작설비로서 그 주체구조부와 하나가 되어 건축물로서의 효용가치를 이루고 있는 것에 대하여는 주체구조부 취득자 외의 자가 가설한 경우에도 주체구조부의 취득자가 함께 취득한 것으로 본다.

① 취득세는 부동산, 차량, 기계장비, 선박, 항공기, 광업권, 어업권, 양식업권, 골프 회원권, 승마 회원권, 콘도미니엄 회원권, 종합체육시설이용권, 요트 회원권을 취득한 자에게 부과한다.

③ 법인설립시 발행하는 주식을 취득함으로써 지방세기본법에 따른 과점주주가 되었을 때에는 그 과점주주가 해당 법인의 부동산 등을 취득한 것으로 보지 아니한다.

④ 토지의 지목을 사실상 변경함으로써 그 가액이 증가한 경우에는 취득으로 본다.

⑤ 증여자의 채무를 인수하는 부담부증여(배우자 직계존비속은 제외)의 경우에 그 채무액에 상당하는 부분은 부동산 등을 유상 취득한 것으로 본다.

04 정답 ⑤

⑤ 증여자의 채무를 인수하는 부담부증여의 경우에는 그 채무액에 상당하는 부분은 부동산 등을 유상으로 취득하는 것으로 본다. 다만, 배우자 직계존비속으로부터의 부담부증여의 경우 증여로 추정한다.

① 토지의 지목을 사실상 변경함으로써 그 가액이 증가한 경우에는 **간주취득으로 취득으로 본다.**

② 상속회복청구의 소에 의한 법원의 확정판결에 의하여 특정 상속인이 당초 상속분을 초과하여 취득하게 되는 재산가액은 상속분이 감소한 상속인으로부터 **증여받아 취득한 것으로 보지 아니한다.**

③ 권리의 이전이나 행사에 등기 또는 등록이 필요한 부동산을 직계존속과 서로 교환한 경우에는 **유상**으로 취득한 것으로 본다.

④ 증여로 인한 승계취득의 경우 해당 취득물건을 **등기·등록을 하지 아니하고** 취득일이 속한 달의 말일부터 3개월 이내에 공증받은 공정증서에 의하여 계약이 해제된 사실이 입증되는 경우에는 취득한 것으로 보지 아니한다.

05 정답 ②

② **설립 당시** 과점주주는 취득으로 보지 아니한다.

06 정답 ②

② 도시개발법에 따른 환지방식에 의한 도시개발사업의 시행으로 토지의 지목이 사실상 변경됨으로써 그 가액이 증가한 경우에는 그 환지계획에 따라 공급되는 환지는 조합원이 체비지 또는 보류지는 사업시행자가 각각 취득한 것으로 본다.

Answer 비과세

01 정답 ②

㉣ 주택법에 따른 주택조합이 비조합원용 부동산을 취득하는 경우 과세한다.

▼ 취득세 비과세

구 분		과 세	비과세
국가 등의 취득	원 칙		○
	대한민국 정부기관의 취득에 과세하는 외국정부	○	
국가 등에 귀속 또는 기부채납	타인에게 매각·증여 등	○	
	무상사용권을 제공받는 경우 등	○	
「신탁법」에 따른 신탁	위탁자로부터 수탁자에게 이전		○
	신탁의 종료로 수탁자로부터 위탁자에게 이전		○
	수탁자가 변경되어 신수탁자에게 이전		○
	주택조합 등과 조합원 간의 부동산 취득 등	○	
법률상 환매권 행사	「징발재산정리에 관한 특별조치법」 또는 「국가보위에 관한 특별조치법 폐지법률」에 따른 환매권의 행사(개인 간 환매등기는 과세)		○
임시건축물	존속기간 1년 초과(중과기준세율 적용)	○	
	존속기간 1년 이하 — 사치성재산	○	
	존속기간 1년 이하 — 사치성재산이 아닌 경우		○
공동주택의 개수	시가표준액 9억원 초과	○	
	시가표준액 9억원 이하 — 대수선	○	
	시가표준액 9억원 이하 — 대수선이 아닌 경우		○
차량의 상속	천재지변·화재·교통사고·폐차·차령 초과 등		○

02 정답 ①

① 비과세 대상이다.

② 부동산을 상호 교환한 경우 유상승계 취득으로 취득세를 부과한다.

③ 직계존속으로부터 거주하는 주택을 증여 받은 경우 무상승계취득으로 취득세를 부과한다.

④ 파산선고로 인하여 처분되는 부동산을 취득한 경우 유상취득으로 취득세를 부과한다.

⑤ 주택법에 따른 주택조합이 해당 조합원용으로 조합주택용 부동산을 취득한 경우 유상취득으로 조합원이 취득세 납세의무를 진다.

03 정답 ③

① 지방자치단체에의 기부채납을 조건으로 부동산을 취득하는 경우 취득세를 **비과세한다.**

② 취득세는 **연부금총액**을 기준으로 면세점 여부를 판정한다.

④ 차량, 기계장비, 선박, 항공기를 제조·조립·건조하는 경우는 원시취득으로 보아 취득세를 과세하지 아니한다.

⑤ 외국정부의 취득에 대해서는 취득세를 부과하지 아니한다. 다만, 대한민국 정부기관의 취득에 대하여 과세하는 외국정부의 취득에 대해서는 취득세를 부과한다.

Answer 취득시기

01 정답 ④

④ 소유권이전고시일의 다음 날에 그 토지를 취득한 것으로 본다. 공고와 고시가 나오면 다음 날을 취득일로 본다.

📝참고 **취득시기**

1. 유상승계취득
   ① 원칙 : 사실상 잔금지급일
   ② 사실상 잔금지급일 확인이 되지 않는 경우 : 계약상 잔금 지급일(계약상 잔금지급일이 명시되지×
      ⇨ 계약일로부터 60일이 경과되는 날)
      단, 유상승계 또는 무상승계취득 후 취득물건을 **등기·등록을 하지아니하고** 취득일부터 60일(무상승계취득은 취득일이 속한 달의 말일부터 3개월) 이내에 계약이 해제된 사실이 화해조서 등으로 입증된 경우 **취득한 것으로 보지 아니한다.**
2. 연부취득 : 사실상의 연부금 지급일(취득가액 총액이 50만원 이하는 제외)
   단, 잔금지급일 전에 등기·등록한 경우 ⇨ 등기일 또는 등록일
3. 무상승계취득
   ① 증여 : 계약일(계약일 전 등기·등록한 경우 ⇨ 등기일 또는 등록일)
   ② 상속 : 상속개시일
4. 건축물의 신축(원시취득)
   ① 건축 : 사용승인서를 내주는 날과 사실상 사용일 중 빠른 날
   ② **도시개발법 : 준공검사**증명서를 내주는 날과 사실상사용일 중 빠른 날
   ③ **도정법 : 준공인가**증을 내주는 날과 사실상사용일 중 빠른 날
5. 토지의 지목변경 및 차량 등의 종류변경 : 사실상 변경된 날과 공부상 변경된 날 중 빠른 날
6. 공유수면 매립·간척 토지 : 공사준공인가일
7. 비조합원용 토지
   ① 「**주택법**」에 따른 주택조합이 주택건설사업 등으로 조합원에게 귀속되지 않는 토지를 취득 : **사용검사를 받은 날**
   ② 「도시및주거환경정비법」에 따른 주택재건축조합이 주택재건축사업 등으로 조합원에게 귀속되지 않는 토지를 취득 : 소유권이전고시일의 **다음 날**
8. 이혼 등 재산분할로 인하여 취득 : 등기 또는 등록일
9. 민법상 시효취득 : 등기 또는 등록일

02 정답 ⑤

⑤ 점유 시효취득의 경우 등기 또는 등록일을 취득일로 본다. 양도소득세의 경우 시효취득은 점유개시일을 취득일로 본다.

03 정답 ⑤

⑤ 도시 및 주거환경정비법에 따른 재건축조합이 재건축사업을 하면서 조합원으로부터 취득하는 토지 중 조합원에게 귀속되지 아니하는 토지를 취득하는 경우에는 같은 법에 따른 소유권이전 고시일의 다음 날이 납세의무의 성립시기이다.

Answer 과세표준

01 정답 ②

① 건축물을 교환으로 취득하는 경우에는 교환으로 이전받는 건축물의 **시가인정액**과 이전하는 건축물의 **시가인정액** 중 **높은** 가액을 취득당시가액으로 한다.

③ 대물변제에 따른 건축물 취득의 경우에는 대물변제액(대물변제액 외에 추가로 지급한 금액이 있는 경우에는 그 금액을 **포함한다**)을 취득당시가액으로 한다.

④ 법인이 아닌 자가 건축물을 건축하여 취득하는 경우로서 사실상 취득가격을 확인할 수 없는 경우에는 **시가표준액**을 취득당시가액으로 한다.

⑤ **법인이 아닌 자**가 건축물을 매매로 승계취득하는 경우에는 그 건축물을 취득하기 위하여 「공인중개사법」에 따른 공인중개사에게 지급한 중개보수를 취득당시가액에 포함하지 아니한다.

02 정답 ④

④ 무상승계취득한 취득물건을 취득일에 **등기·등록하지 아니하고** 화해조서·인낙조서에 의하여 취득일이 속한 달의 말일부터 3개월 이내에 계약이 해제된 사실을 입증하는 경우에는 취득한 것으로 보지 아니한다.

03 정답 ①

✱ 사실상 취득가격의 범위

취득가격에 포함	취득가격에 포함하지 않는 경우
1. 건설자금이자 : **법인** 2. 연체이자 할부이자 : **법인** 3. 중개보수 : **법인** 4. 채무인수액 / 채권매각차손 5. 취득에 필요한 용역대가로 지급한 용역비 수수료	1. 부가가치세 2. 광고선전비 3. 할인액 4. 전기 등의 이용에 따라 지급되는 비용

04 정답 ④

㉠ 취득대금을 일시급으로 지불하여 일정액을 할인 받은 경우 그 할인액은 취득가격에 포함하지 아니한다.

㉡ 부동산의 건설자금에 충당한 차입금의 이자의 경우 법인의 경우만 포함되고 개인의 경우에는 포함하지 아니한다.

㉢ 연불조건부 계약에 따른 이자상당액 및 연체료의 경우 법인의 경우에만 포함한다.

05 정답 ⑤

1. 유상승계 취득의 경우 사실상 취득가액을 과세표준으로 하고 당사지 약정에 의한 채무 부담금과 채권매각차손은 취득가액에 포함한다.

2. 500,000,000 + 10,000,000(채무변제금액) + 1,000,000(채권매각차손) = 511,000,000

06 정답 ③

1. **부가가치세는 포함하지 않는다.**

2. **건설자금이자와 중개보수는 법인의 경우에만 포함한다.**

3. 취득가액

   1억원 + (건설자금이자 : 5백만원) + (중개보수 : 1백만원) = 1억6백만원

07 정답 ①

㉡ 건축물의 시가표준액은 소득세법령에 따라 매년 1회 국세청장이 산정 고시하는 건물 신축가격기준액에 대통령령(행정안전부장관)이 정한 기준을 적용하여 지방자치단체장이 결정한 가액으로 한다.

㉢ 공동주택가격이 공시되지 아니한 경우에는 대통령령(행정안전부장관이 정하는 기준)으로 정하는 기준에 따라 특별자치시장·특별자치도지사·시장·군수 또는 구청장이 산정한 가액으로 한다.

참고 | 시가표준액의 산정방법

부동산 가격공시 등에 관한 법률에 의하여 가격이 공시되는 토지 및 주택에 대하여는 동법에 의하여 공시되는 가격을 말한다.

구 분		기준시가	시가표준액
토 지		개별공시지가	개별공시지가
주 택	단독주택	개별주택가격	개별주택가격
	공동주택	공동주택가격	공동주택가격

참고

1. 개별주택가격이나 개별공시지가가 공시되지 아니한 경우에는 특별자치시장, 특별자치도지사, 시장, 군수, 구청장이 국토교통부장관이 제공하는 주택가격비준표 토지가격비준표를 사용하여 산정한 가액으로 한다. 다만 공동주택가격이 공시되지 아니한 경우에는 대통령령(행정안전부장관이 정하는 기준)이 정하는 기준에 따라 특별자치시장, 특별자치도지사, 시장, 군수, 구청장이 산정한 가액으로 한다.

2. 개별주택가격, 공동주택가격, 개별공시지가 결정 공시가 되지 않은 경우에는 직전연도 개별주택가격 공동주택가격 개별공시지가를 적용한다.

Answer 취득세 표준세율

01 정답 ⑤

☞ **취득세 세율**(표준세율의 50/100 범위 가감 조정 가능) : 삼팔삼팔두번잡고 일등하고 팔일오 광복절

구 분				세 율
유상승계 (법인 합병 또는 분할로 인한 취득포함)		농지(전, 답, 과수원, 목장용지)		30/1,000
	농지 이외	주택 이외		40/1,000
		주 택	취득 당시 가액 6억원 이하	10/1,000
			취득 당시 가액 6억원 초과~ 9억원 이하	$\left(\text{취득당시가액} \times \dfrac{2}{3억원} - 3\right) \times \dfrac{1}{100}$
			취득 당시 가액 9억원 초과	30/1,000
무상 승계	상 속	농지(전, 답, 과수원, 목장용지)		23/1,000
		농지 이외		28/1,000
	증 여	개 인		35/1,000
		비영리사업자		28/1,000
원시취득	면적증가 포함			28/1,000
공유, 합유, 총유물의 분할				23/1,000

1. 개수 등으로 면적 증가 : 원시취득
2. 주택유상거래 세율을 적용하지 않는 경우 : 주택 신축·증축 후 부속토지 취득의 경우
3. 같은 취득물건에 2 이상의 세율에 해당하는 경우 그중 **높은** 세율
4. 부동산이 공유물인 경우 : 취득지분 가액을 과세표준으로 하여 세율 적용

02 정답 ①

① 공유물 분할의 경우 표준세율은 1천분의 23의 세율을 적용한다.

03 정답 ④

④ 부동산을 상호 교환의 경우 유상승계 취득에 해당하므로 농지의 교환은 1천분의 30의 세율을 농지 외의 경우 1천분의 40의 세율을 적용한다.

04 정답 ⑤

⑤ 농지 유상거래 : 30/1,000
① 상속으로 건물(주택 아님)을 취득한 경우 : 28/1,000
② 사회복지사업법에 따라 설립된 사회복지법인이 독지가의 기부에 의하여 건물을 취득한 경우
 : 28/1,000
③ 영리법인이 공유수면을 매립하여 농지를 취득한 경우 : 28/1,000
④ 유상거래를 원인으로 지방세법 제10조에 따른 취득 당시의 가액이 6억원인 1주택(주택법에 따른 주택으로서 등기부에 주택으로 기재된 주거용 건축물과 그 부속토지)을 취득한 경우 : 10/1,000

05 정답 ①

ⓒ 공유물의 분할로 인한 취득: 1천분의 23

ⓔ 매매로 인한 농지 외의 토지 취득: 1천분의 40

Answer 중과세

01 정답 ③

✔ 중과세율

중과세 대상	세 율
골 오 선 주	표준세율과 중과기준세율의 100분의 400을 합한 세율
과밀억제권역 내 공장 신·증설	표준세율과 중과기준세율의 100분의 200을 합한 세율
과밀억제권역 법인 본점 주사무소 사업용 부동산 취득	
대도시 내 공장 신·증설	표준세율의 100분의 300에서 중과기준세율의 100분의 200을 뺀 세율
대도시 내 법인 설립·설치·전입	

Answer 세율특례

01 정답 ⑤

⑤ 개수로 인한 취득(개수로 인하여 건축물 면적이 증가하지 아니함)의 경우 간주취득으로 중과기준세율을 적용한다.

📝참고 **특례세율**

1. 표준세율 − 중과기준세율

> ① 환매 등기를 병행하는 부동산의 매매로 환매기간 내 매도자가 환매한 경우의 그 매도자와 매수자의 취득
> ② 상속으로 인한 1가구 1주택과 감면대상 농지취득
> ③ 법인의 합병으로 인한 취득
> ④ 공유물, 합유물의 분할 또는 공유권 해소를 위한 지분이전으로 인한 취득
> ⑤ 건축물의 이전(가액증가 없는 경우. 단, 가액이 증가하면 표준세율 적용)
> ⑥ 민법상 협의이혼, 재산분할청구, 재판상 이혼에 의한 재산분할로 취득
> ⑦ 그 밖의 형식적인 취득 등 대통령령으로 정하는 취득

2. 취득세 특례세율(중과기준세율)

> ① 개수로 인한 취득
> ② 선박, 차량, 기계장비의 종류변경 및 토지의 지목변경으로 가액증가
>   ㉠ 지목변경 : 가액증가 ⇨ 취득세
>   ㉡ 변경등기 ⇨ 등록면허세
> ③ 과점주주의 취득
> ④ 외국인 소유의 취득세 과세물건(차량, 기계장비, 선박, 항공기에 한한다)을 임차하여 수입하는 경우 (연부로 취득하는 경우로 한정)
> ⑤ 대여시설 이용자 명의로 시설대여업자가 차량 등을 취득하는 경우
> ⑥ 무덤과 이에 접속된 부속시설물의 부지로 사용되는 토지로서 지적공부상 지목이 묘지인 토지의 취득
>   : 등록면허세와 재산세는 비과세한다.
> ⑦ 임시흥행장 등 존속기간이 1년을 초과하는 임시건축물의 취득
> ⑧ 택지공사가 준공된 토지에 건축물을 건축하거나 또는 건축물에 접속된 정원 부속시설물을 설치함으로써 해당 토지의 가액이 증가하는 경우 지목변경으로 본다.

02 정답 ③

㉠ 개수로 인하여 가액이 증가하면 간주취득으로 중과기준세율을 적용하고 면적이 증가하는 경우에는 원시취득으로 보아 28/1,000의 세율을 적용한다.
㉣ 상속으로 농지를 취득한 경우 23/1,000의 표준세율을 적용한다.

03 정답 ⑤

㉡ 존속기간이 1년을 초과하는 임시 건축물의 취득은 중과기준세율을 적용한다.

Answer | **과세표준과 세율**

01 정답 ③

① 취득가액이 50만원 이하인 경우에는 취득세를 부과하지 아니한다. 따라서 100만원인 경우 취득세를 부과한다.

참고 면세점

1. 취득가액이 50만원 이하인 경우
2. 취득일로부터 1년 이내 인접한 부동산을 취득한 경우 1건의 취득으로 보아 면세점 여부 판단
3. 같은 취득물건에 대하여 둘 이상의 세율이 해당되는 경우에는 그중 높은 세율을 적용한다.
4. 대도시에서 법인이 사원에 대한 임대용으로 직접 사용할 목적으로 사원주거용 목적의 공동주택(1구의 건축물의 연면적이 60제곱미터 이하임)을 취득하는 경우에는 중과세율을 적용하지 아니하고 표준세율을 적용한다.
5. 유상거래를 원인으로 취득당시의 가액이 6억원 이하인 주택을 취득하는 경우에는 1천분의 10의 세율을 적용한다.

♥ **주택 유상거래**(상속, 증여 ,원시취득의 경우는 제외)**의 경우**

- 6억원 이하 주택: 10/1,000
- 6억원 초과~9억원 이하 주택: (취득당시가액×2/3억원－3억원)×1/100
- 9억원 초과 주택: 30/1,000

02 정답 ③

③ 환매등기를 병행하는 부동산의 매매로서 환매기간 내에 매도자가 환매한 경우의 그 매도자와 매수자의 취득에 대한 취득세는 표준세율에 중과기준세율(100분의 200)을 **뺀** 세율로 산출한 금액으로 한다.

☑참고 **표준세율에서 중과기준세율을 뺀 세율**(등기를 해야 하는 경우)

1. 환매 등기를 병행하는 부동산의 매매로 환매기간 내 매도자가 환매한 경우의 그 매도자와 매수자의 취득
2. 상속으로 인한 1가구 1주택과 감면대상 농지취득
3. 법인의 합병으로 인한 취득
4. 공유물·합유물의 분할 또는 공유권 해소를 위한 지분이전으로 인한 취득
5. 건축물의 이전(가액증가 없는 경우. 단, 가액이 증가하면 표준세율 적용)
6. 민법상 협의이혼, 재산분할청구, 재판상 이혼에 의한 재산분할로 취득
7. 그 밖의 형식적인 취득 등 대통령령으로 정하는 취득

Answer 부과·징수

01 정답 ③

① 취득세의 징수는 신고·납부를 원칙으로 하고 신고기한 내 신고를 하지 아니하여 가산세 부과대상이 된 경우에는 보통징수의 방법으로 징수한다.
② 상속으로 취득세 과세물건을 취득한 자(외국에 주소를 둔 경우 9개월)는 상속개시일이 **속한 달의 말일부터** 6개월 이내에 산출한 세액을 신고하고 납부하여야 한다.
④ 취득세 과세물건을 취득한 후에 그 과세물건이 중과세율의 적용대상이 되었을 때에는 중과세율을 적용하여 산출한 세액에서 이미 납부한 세액(가산세 **제외**)을 공제한 금액을 세액으로 하여 신고·납부하여야 한다.
⑤ 법인의 취득당시가액을 증명할 수 있는 장부가 없는 경우 지방자치단체의 장은 그 산출된 세액의 **100분의 10**을 징수하여야 할 세액에 가산한다.

⚑참고

1. 신고·납부(가산세가 부과되는 경우에는 보통징수)
   ① 일반적인 납세절차

구 분		신고·납부
일반적인 경우		취득일로부터 60일 이내
상 속	국내주소	상속개시일이 속한 **달의 말일**부터 6개월 이내
	국외주소	상속개시일이 속한 **달의 말일**부터 9개월 이내
증 여(부담부증여 포함)		취득일이 속한 **달의 말일**로부터 3개월 이내
허가전에 대금을 완납한 경우		허가일로부터 60일 이내
법정신고기한 내에 등기하거나 또는 등록을 하려는 경우		등기 또는 등록신청서를 등기·등록관서에 접수하는 날까지
추가신고 ·납부	비과세 감면배제	사유발생일로부터 산출세액에서 이미 납부한 금액(가산세는 제외)을 공제한 금액 60일 이내
	취득 후 중과세	중과세 대상이 된 날로부터 산출세액에서 이미 납부한 금액(가산세는 제외)을 공제한 금액 60일 이내

   ② 기한 후 신고 : 신고불성실 가산세(무신고 가산세만 해당/신고만 하면 경감)
   신고기한까지 신고하지 않은 경우 지방자치단체장이 과세표준과 세액을 결정하여 통지하기 전에 신고하는 경우(과세권자는 3개월 이내 결정해서 통지)

   > ㉠ 1개월 이내 : 100분의 50 경감
   > ㉡ 1개월 초과 3개월 이내 : 100분의 30 경감
   > ㉢ 3개월 초과 6개월 이내 : 100분의 20 경감

   ③ 부동산 등기법에 따라 대위등기를 하고자 하는 채권자는 취득세 과세물건을 취득한 자를 대신하여 취득세를 신고할 수 있다.
   ㉠ 이 경우 채권자대위자는 행정안전부령으로 정하는 바에 따라 납부확인서를 발급받을 수 있다.
   ㉡ 지방자치단체의 장은 대위자의 신고가 있는 경우 납세의무자에게 신고접수 사실을 즉시 통보하여야 한다.
   ④ 국가, 지방자치단체, 지방자치단체
   조합이 취득세 과세물건을 매각(연부로 매각한 것을 포함한다)하면 매각일부터 30일 이내에 대통령령으로 정하는 바에 따라 그 물건 소재지를 관할하는 지방자치단체의 장에게 통보하거나 신고하여야 한다.
2. 가산세(보통징수)
   ① 신고불성실 가산세
   ㉠ 일반 무신고 가산세 : 20%
   ㉡ 일반 과소신고 가산세 : 10%
   ㉢ 부당 무(과소)신고 가산세 : 40%
   ② 납부지연가산세 : 납부기한 경과 후 하루 경과시마다 1일 22/100,000(0.022%)
3. 중가산세 : 산출세액의 80%(보통징수) ⇨ 취득세에만 적용
   취득 후 법정신고 기한 내 신고하지 않고 매각하는 경우. 단, 다음의 경우 제외한다.
   ① 취득세 과세물건 중 등기 또는 등록을 필요로 하지 아니하는 과세물건. 단, 골프 회원권, 콘도미니엄 회원권 및 종합체육시설 이용권 등은 제외한다.
   ② 지목변경, 차량, 건설기계 또는 선박의 종류변경 및 과점주주의 주식취득 등 취득으로 간주되는 과세물건

4. 법인의 장부 등 작성과 보존의무 불이행시
   산출세액 또는 부족세액의 100분의 10에 해당하는 금액을 가산하여 징수한다.
5. 미납부통지
   등기 또는 등록관서의 장은 등기 또는 등록 후에 취득세가 납부되지 아니하였거나 납부부족액을 발견하였을 때에는 다음 달 10일까지 납세지를 관할하는 시장·군수·구청장에게 통보하여야 한다.
6. 면세점
   ① 취득가액(취득세액이 아님, 연부취득은 연부금 총액)이 50만원 이하인 경우
   ② 취득일로부터 1년 이내 인접한 부동산을 취득한 경우 1건의 취득으로 보아 면세점 여부 판단

02 정답 ①

② 세대별 소유주택 수에 따른 중과세율을 적용함에 있어 주택으로 재산세를 과세하는 오피스텔(2025년 취득)은 주택으로 보아 해당 오피스텔을 소유한 자의 주택 수에 가산한다.
③ 토지 지목변경(간주취득)의 경우에는 중가산세를 적용하지 아니한다.
④ 공사현장사무소 등 임시건축물(사치성 재산 제외)은 존속기간이 1년을 초과하지 아니한 경우에 비과세한다. 존속기간이 1년을 초과하는 경우에는 중과기준세율을 적용한다.
⑤ 토지를 취득한 자가 취득한 날부터 1년 이내에 그에 인접한 토지를 취득한 경우 그 취득가액이 50만원 이하일 때 면세점을 적용하여 취득세를 부과하지 않기 때문에 100만원일 때에는 취득세를 부과한다.

03 정답 ③

① 「민법」 등 관계 법령에 따른 등기를 하지 아니한 경우에도 사실상 취득하면 취득한 것으로 본다.
② 법인 설립시에 발행하는 주식 또는 지분을 취득함으로써 과점주주가 된 경우에는 과세하지 아니한다.
④ 법령이 정하는 고급오락장은 사치성 재산으로 비과세를 적용하지 않고 임시건축물의 취득에 대하여는 존속기간도 1년을 초과하지 아니한 경우에만 비과세한다.
⑤ 「건축법」상 대수선으로 인해 공동주택을 취득한 경우에는 취득세를 과세한다.

04 정답 ⑤

① 토지의 지목변경에 따른 취득은 지목변경일 이전에 그 사용하는 경우에는 **사실상 사용일을** 취득일로 본다.
② 부동산을 연부로 취득하는 것은 사실상 연부금 지급일을 취득일로 하며 중간에 등기를 하면 등기일에 취득한 것으로 본다.
③ 증여로 인한 취득의 경우 **취득일이 속한 달의 말일부터 3개월 이내** 신고하고 납부하여야 한다.
④ 취득세 납세의무가 있는 법인이 장부 등의 작성과 보존의무를 이행하지 아니하는 경우 산출세액의 **100분의 10**에 상당하는 가산세가 부과된다.

05 정답 ①

① 납세의무자가 취득세 과세물건을 사실상 취득한 후 취득세 신고를 하지 아니하고 매각하는 경우에는 산출세액에 **100분의 80을** 가산한 금액을 세액으로 하여 보통징수의 방법으로 징수한다.

06 정답 ④

④ 무상승계 취득한 취득물건을 취득일에 **등기·등록을 하지 아니하고** 화해조서·인낙조서에 의하여 취득일이 속한 달의 말일부터 3개월 이내에 계약이 해제된 사실을 입증하는 경우에는 취득한 것으로 보지 아니한다.

07 정답 ⑤

① 국가 및 외국정부의 취득에 대해서는 취득세를 부과하지 아니한다.

② 토지의 지목변경에 따른 취득은 공부상 변경된 날과 사실상 변경된 날 중 빠른 날을 취득일로 본다.

③ 국가가 취득세 과세물건을 매각하면 매각일부터 **30일** 이내에 지방자치단체의 장에게 신고하여야 한다.

④ 부동산 등을 원시취득하는 경우 취득당시가액은 사실상 취득가격으로 한다. 다만, 법인이 아닌 자가 건축물을 건축하여 취득하는 경우로서 사실상 취득가격을 확인할 수 없는 경우에는 시가표준액을 과세표준으로 한다.

📝참고 **취득세 날짜정리**

10일	등기·등록관서의 장은 취득세가 납부되지 아니하였거나 납부부족액을 발견하였을 때에는 다음 달 10일까지 납세지 관할하는 시장·군수에게 통보하여야 한다.
30일	국가 등이 취득세 과세물건을 매각한 경우 매각일로부터 30일 이내에 물건 소재지 관할 지방자치단체의 장에게 통보하거나 신고하여야 한다.
60일	위 10일, 30일을 제외한 경우 모두 60일

08 정답 ②

② 취득세 과세물건을 취득한 후에 그 과세물건이 중과세율의 적용대상이 되었을 때에는 취득한 날로부터 60일 이내에 중과세율을 적용하여 산출한 세액에서 이미 납부한 세액(가산세 **제외**)을 공제한 금액을 신고하고 납부하여야 한다.

09 정답 ③

③ 국가에 귀속의 **반대급부로** 영리법인이 국가 소유의 부동산을 **무상으로 양여받는 경우**에는 취득세를 부과한다.

Answer   등록면허세 과세대상

01 **정답** ⑤

⑤ 사실상 잔금지급일을 2025년 12월 1일로 하는 부동산(취득가액 1억원)의 소유권이전등기의 경우 취득세를 부과한다.

☑참고 **등록면허세 과세대상**

재산권과 그 밖의 권리의 설정 변경 또는 소멸에 관한 사항을 공부에 등기하거나 등록을 하는 것을 말한다. 다만, 취득을 원인으로 이루어지는 등기 또는 등록은 제외하되 다음의 어느 하나에 해당하는 등기 또는 등록은 포함한다.

1. 광업권,어업권,양식업권의 취득에 따른 등록
2. 외국인 소유의 취득세 과세대상 물건의 연부 취득에 따른 등기 또는 등록
3. 취득세 부과제척기간이 경과한 물건의 등기 또는 등록
4. 면세점에 해당하는 물건의 등기 또는 등록

02 **정답** ④

④ 국가 지방자치단체 지방자치단체조합 외국정부 및 주한국제기구가 자기를 위하여 받는 등록에 대하여는 등록면허세를 부과하지 아니한다. 다만, 대한민국의 정부기관의 등록에 대하여 과세하는 외국정부의 등록은 등록면허세를 과세한다.

Answer 과세표준과 세율

01 정답 ⑤

⑤ 법인이 국가로부터 취득한 부동산은 등기 당시에 자산재평가의 사유로 가액이 증가한 것이 그 법인장부로 입증되는 경우 **변경된 가액을** 과세표준으로 한다.

▼ 등록면허세 과세표준 및 세율

구 분			과세표준	세 율
소유권 보존등기			부동산 가액	8/1,000
소유권의 이전등기	유 상		부동산 가액	20/1,000
	무 상	상 속	부동산 가액	8/1,000
		증 여	부동산 가액	15/1,000
물권과 임차권의 설정 및 이전	지상권		부동산 가액	2/1,000
	전세권		전세금액	
	임차권		월임대차금액	
	저당권		채권금액	
	지역권		요역지가액	
경매신청, 가압류, 가처분			채권금액	
가등기			부동산가액 또는 채권금액	
그 밖의 등기(말소, 지목변경)			건수	6,000원

02 정답 ④

④ 명의자(전세권자)인 乙이 납세의무자이다.

① 과세표준은 전세금액인 3억원이다.

② 표준세율은 전세보증금의 1천분의 2이다.

③ 납부세액은 600,000(3억원×0.2% = 600,000)원이다.

⑤ 납세지는 부동산 소재지이고 납세지가 분명하지 않은 경우에는 등록관청소재지를 납세지로 한다.

03 정답 ④

④ 임차권 설정 및 이전등기: **월임대차금액**의 1천분의 2

04 정답 ②

② 가처분: 채권금액의 1천분의 2

가압류, 가처분, 경매신청, 저당권설정등기의 경우 채권금액을 과세표준으로 한다.

05 정답 ④

④ 부동산의 등록에 대한 등록면허세의 과세표준은 등록자가 신고한 당시의 가액으로 하고 신고가 없거나 신고가액이 시가표준액보다 **적은** 경우에는 시가표준액을 과세표준으로 한다.

Answer 부과 · 징수

01 정답 ④

④ 특별징수의무자가 징수하거나 징수할 세액을 납부기한까지 납부하지 않거나 부족하게 납부하더라도 특별징수의무자에게 납부지연가산세를 부과하지 아니한다.

❥ 등록면허세 신고 · 납부

구 분		신고 · 납부기한
일반적인 경우		등록을 하기 전까지
사후 관리 규정	중과세대상이 되었을 때	① 중과세대상이 된 날부터 60일 이내 ② 산출한 세액에서 이미 납부한 세액[**가산세**는 **(제외)**]을 공제한 금액
	부과대상 또는 추징대상이 되었을 때	① 그 사유 발생일부터 **(60일)** 이내 ② 산출한 세액에서 이미 납부한 세액[**가산세**는 **(제외)**]을 공제한 금액
신고의무를 다하지 아니한 경우에도 등록면허세 산출세액을 등록을 하기 전까지 납부하였을 때		**신고를 하고 납부한 것으로 본다.** 이 경우 **무신고가산세 및 과소신고가산세를 부과하지 아니한다**(등록면허세만 적용 취득세는 적용하지 않는다).
납세지		① **부동산 소재지** ② 같은 등록에 관계되는 재산이 둘 이상의 지방자치단체에 걸쳐 있어 등록면허세를 지방자치단체별로 부과할 수 없을 때: **등록관청 소재지** ③ 같은 채권 담보를 위하여 설정하는 둘 이상의 저당권을 등록하는 경우에는 이를 하나의 등기 등록으로 보아 그 등록에 관계되는 재산을 처음 등록하는 등록관청 소재지를 납세지로 한다. ④ 납세지가 분명하지 아니한 경우 **등록관청소재지**
부가세		① 등록면허세 납부세액의 100분의 20에 해당하는 지방교육세 ② 등록면허세 감면세액의 100분의 20에 해당하는 농어촌특별세

02 정답 ②

② 부동산 소재지와 乙의 주소지가 다른 경우 등록면허세의 납세지는 **부동산 소재지**로 한다.

03 정답 ③

③ 등록면허세는 **부동산 등기**에 대한 등록면허세의 표준세율에 대하여 조례가 정하는 바에 따라 100분의 50범위 안에서 가감 · 조정할 수 있다.

04 정답 ①

① 등록면허세의 납세의무자가 신고를 하지 아니하고 등록을 하기 전까지 등록면허세를 납부한 경우 신고하고 납부한 것으로 보아 신고불성실 가산세를 부과하지 아니한다(등록면허세에만 적용되는 규정이고 취득세의 경우는 해당하지 아니한다).

05 정답 ②

② 사실상의 취득가격을 등록면허세의 과세표준으로 하는 경우 등록 당시에 자산재평가의 사유로 그 가액이 달라진 때에는 **변경된 가액**을 과세표준으로 한다.

06 정답 ⑤

① 지방자치단체의 장은 등록면허세의 세율을 표준세율의 **100분의 50**의 범위에서 가감할 수 있다.

② 등록 당시에 감가상각의 사유로 가액이 달라진 경우 **변경된 가액**을 과세표준으로 한다.

③ 부동산 등록에 대한 신고가 없는 경우 **등록 당시** 시가표준액을 과세표준으로 한다.

④ 지목이 묘지인 토지의 등록에 대하여 등록면허세를 **비과세한다**.

07 정답 ④

① 부동산 등기에 대한 등록면허세 납세지는 **부동산 소재지**이다.

② 등록을 하려는 자가 신고의무를 다하지 않은 경우 등록면허세 산출세액을 등록하기 전까지 납부하였을 때에는 신고·납부한 것으로 보아 무신고 **가산세를 부과하지 아니한다.**

③ 상속으로 인한 소유권 이전 등기의 세율은 **부동산 가액의 1천분의 8**로 한다.

⑤ 대도시 밖에 있는 법인의 본점이나 주사무소를 대도시로 전입함에 따른 등기는 법인등기에 대한 세율의 **100분의 300**을 적용한다.

📖 **참고** 등록면허세 중과 제외 업종

1. 은행업, 의료업, 할부금융업 등 대도시 중과제외 업종
2. 대도시 중과 제외 업종으로 법인등기를 한 법인이 정당한 사유없이 그 등기일부터 2년 이내 대도시 중과 제외 업종 외의 업종으로 변경하거나 대도시 중과 제외 업종 외의 업종을 추가하는 경우 그 해당 부분에 대하여는 중과세율을 적용

08 정답 ②

② 여신전문금융업법 제2조 제12호에 따른 **할부금융업**을 영위하기 위하여 대도시에서 법인을 설립함에 따른 등기를 할 때에는 중과세를 적용하지 아니한다.

09 정답 ②

② 등록을 하려는 자가 법정신고기한까지 등록면허세 산출세액을 신고하지 아니한 경우로서 등록을 하기 전까지 그 산출세액을 납부한 때에는 지방세기본법에 따른 무신고가산세를 부과하지 아니한다.

10 정답 ⑤

① 취득세 과세물건을 취득한 후 중과세 세율 적용대상이 되었을 경우 **60일** 이내에 산출세액에서 이미 납부한 세액(가산세 **제외**)을 공제하여 신고·납부하여야 한다.

② 취득세 과세물건을 취득한 자가 재산권의 취득에 관한 사항을 등기하는 경우 등기등록신청서를 **등기 등록 관서에 접수하는 날**까지 신고·납부하여야 한다.

③ 취득가격이 40만원인 부동산을 취득한 경우 **취득당시가격**을 과세표준으로 하여 등록면허세를 부과한다.

④ 부동산 가압류에 대한 등록면허세의 세율은 **채권금액**의 1천분의 2로 한다.

11 정답 ⑤

① 상속으로 취득세 과세물건을 취득한 자는 **상속개시일이 속한 달의 말일**부터 6개월 이내에 과세표준과 세액을 신고·납부하여야 한다.

② 취득세 과세물건을 취득한 후 중과세 대상이 되었을 때에는 표준세율을 적용하여 산출한 세액에서 이미 납부한 세액(가산세 **제외**)을 공제한 금액을 세액으로 하여 신고·납부하여야 한다.

③ 지목변경으로 인한 취득세 납세의무자가 신고를 하지 아니하고 매각하는 경우에도 중가산세를 적용하지 아니한다(간주취득의 경우 중가산세를 적용하지 아니한다).

④ 등록을 하려는 자가 등록면허세 신고의무를 다하지 않고 산출세액을 등록 전까지 납부한 경우 지방세기본법에 따른 **가산세를 부과하지 아니한다.**

취득세와 등록면허세 비교

구 분		취득세	등록면허세
과세주체		특별시, 광역시, 도세	도세 및 구세
납세의무성립시기		과세물건을 취득하는 때	등기 또는 등록을 하는 때
납세의무 확정시기	원 칙	신고하는 때	신고하는 때
	예외(신고×)	과세권자가 결정하는 때	과세권자가 결정하는 때
과세표준		취득 당시 가액	등기·등록 당시 가액
세 율		표준세율(50/100 가감 조정)	표준세율(50/100 가감 조정)
납세의무자		사실상 취득하는 자	등록을 하는 자(명의자)
신고·납부기간		60일 이내(3개월/6개월/9개월)	등기·등록하기 전까지
추가신고·납부기간		60일 이내	60일 이내
중가산세		있음	없음
면세점		취득가액 50만원 이하	없음
최저세액		없음	6,000원 미만이면 6,000원
부가세		농어촌특별세, 지방교육세	지방교육세

Chapter 04 재산세

01 정답 ⑤

📝참고 **재산세 과세대상**(선박, 항공기 포함)
현황부과의 원칙(재산세 과세대상 물건이 토지대장 건축물대장 등 공부상에 등재되지 않았거나 공부상 등재현황과 사실상 현황이 다른 경우 사실상 현황에 따라 부과한다. 단, 공부상 등재현황과 달리 이용함으로써 재산세 부담이 낮아지는 경우나 일시적으로 공부상 등재현황과 달리 사용하는 경우는 공부상 등재현황에 따라 부과한다).

구 분	과세방법	과세범위
토 지	• 개별과세(분리과세) • 합산(토지: 별도, 종합)	• 공간법상 등록대상 토지＋사실상 토지 • 주택 부속 토지 제외
건축물	개별과세	건축물＋토지에 정착하거나 지하 또는 다른 구조물에 설치하는 시설물 주택용 건물 제외
주 택	개별과세	건물과 토지를 합하여 주택으로 과세/부속 토지 불명확: 주택바닥면적의 10배

📝참고 **겸용주택 − 재산세**
1. 1동: 면적과 관계없이 주택부분만 주택으로 본다.
2. 1구: 주거용으로 사용하는 면적이 50/100 이상이면 전체를 주택으로 본다.

02 정답 ①

② 주택의 경우 **토지와 건축물 가액을 합한** 과세표준에 세율을 곱하여 세액을 산출하기 때문에 토지를 따로 과세하지 아니한다(주택은 토지와 건축물의 범위에 포함하지 아니한다).
③ 국가가 선수금을 받아 조성하는 매매용 토지로서 사실상 조성이 완료된 토지의 사용권을 무상으로 받은 자는 재산세를 납부할 의무가 **있다.**
④ 주택 부속토지의 경계가 명백하지 아니한 경우 그 주택의 **바닥면적의 10배**에 해당하는 토지를 주택의 부속토지로 한다.
⑤ 재산세 과세대상인 건축물의 범위에는 주택을 **포함하지 아니한다.**

Answer | **토지의 구분**

01 정답 ③

ⓛ 「체육시설의 설치·이용에 관한 법률 시행령」에 따른 회원제 골프장이 아닌 골프장용 토지 중 원형이 보전되는 임야: 별도합산대상

ⓓ 「도로교통법」에 따라 등록된 자동차운전학원의 자동차운전학원용 토지로서 같은 법에서 정하는 시설을 갖춘 구역 안의 토지: 별도합산대상

ⓐ 1990년 5월 31일 이전부터 종중이 소유하고 있는 임야: 분리과세대상

ⓒ 과세기준일 현재 계속 염전으로 실제 사용하고 있는 토지: 분리과세대상

참고 | 토지의 구분(빈출지문)

1. 기준면적 초과: 종합합산(0.2~0.5%)
2. 나대지, 잡종지, ~~기준면적 초과, 건축물의 시가표준액이 해당 부속 토지 시가표준액의 100분의 2에 미달하는 건축물의 부속토지 중 그 건축물 바닥면적을 제외한 부속토지 2% 미달, 무허가건축물, 부속 토지: 종합합산(0.2~0.5%)
3. 고급오락장용 토지, 골프장용 토지(오골계): 분리과세(4%)
4. 염전, 여객자동차터미널 및 물류터미널용 토지: 분리과세(0.2%)
5. 종중 소유 농지, 임야: 분리과세(0.07%)
6. 자동차운전학원용 토지: 별도합산(0.2~0.4%)
7. 시 지역 이상 주거지역 등 공장용지: 별도합산(0.2~0.4%)
8. 군 지역 농지, 목장용지, 공장용지: 분리과세(0.07%)

02 정답 ③

③ 건축법 등 관계 법령에 따라 허가 등을 받아야 할 건축물로서 허가 등을 받지 아니한 공장용 건축물의 부속 토지: 종합합산대상

① 문화유산의 보존 및 활용에 관한 법률에 따른 지정문화유산 안의 임야: 분리과세대상

② 국가가 국방상의 목적 외에는 그 사용 및 처분 등을 제한하는 공장 구내의 토지: 분리과세대상

④ 자연공원법에 따라 지정된 공원자연환경지구의 임야: 분리과세대상

⑤ 1989년 12월 31일 이전부터 소유하고 있는 개발제한구역의 지정 및 관리에 관한 특별조치법에 따른 개발제한구역의 임야: 분리과세대상

03 정답 ③

③ 읍·면지역에 소재하는 공장용 건축물의 부속 토지로서 법령 소정의 공장입지 기준면적 범위 안의 토지: 분리과세대상

Answer 납세의무자

01 정답 ⑤

⑤ 재산세 과세대상 재산을 여러 사람이 공유하는 경우, **지분권자**가 납세의무자이고 지분표시가 없는 경우 균등한 것으로 본다.

📌참고 납세의무자(소유권 변동사유가 발생하면 과세기준일로부터 15일 이내 신고)

구 분	납세의무자
일반적인 경우	사실상 소유자
공유재산인 경우	지분권자(지분표시 ×: 균등)
주택의 건물과 부속토지의 소유자가 다른 경우	시가표준액 비율로 안분
수탁자 명의로 등기, 등록된 신탁재산의 경우	위탁자
공부상 소유자가 매매 등의 사유로 소유권 변동되었는데도 신고하지 않은 경우	공부상 소유자
공부상 소유자가 종중 소유임을 신고하지 않는 경우	공부상 소유자
상속등기가 이행되지 않고 사실상 소유자를 신고하지 아니한 경우	주된 상속자 (지분이 가장 높은 자 ⇨ 연장자)
국가+연부+무상사용권 부여받은 경우	매수계약자
체비지 또는 보류지로 정한 경우	사업시행자
소유권 귀속이 불분명한 경우	사용자
파산선고 이후 파산종결의 결정까지 파산재단에 속하는 경우	공부상 소유자

02 정답 ②

② 「신탁법」에 따라 수탁자 명의로 등기·등록된 신탁재산의 경우로서 위탁자별로 구분된 재산 : **위탁자**

03 정답 ①

② 주택의 건물과 부속토지의 소유자가 다를 경우 그 주택에 대한 산출세액을 건축물과 그 부속토지의 **시가표준액 비율**로 안분계산한 부분에 대하여 그 소유자를 납세의무자로 본다.
③ **국가**와 재산세 과세대상 재산을 **연부**로 매수계약을 체결하고 그 재산의 사용권을 **무상**으로 받은 경우 **매수계약자**가 재산세를 납부할 의무가 있다.
④ 공부상에 개인 등의 명의로 등재되어 있는 사실상의 종중 재산으로서 종중소유임을 신고하면 종중이 신고하지 아니한 경우 공부상 소유자를 납세의무자로 본다.
⑤ 공유재산인 경우 그 지분에 해당하는 부분에 대하여 그 지분권자를 납세의무자로 보되 지분의 표시가 없는 경우 **균등**한 것으로 본다.

04 정답 ②

② 주택의 경우 토지와 건축물을 별도로 구분하여 과세하지 않고 토지 건축물을 합산하여 주택분 재산세(1/1,000~4/1,000)로 과세한다.

05 정답 ⑤

⑤ 상속이 개시된 재산으로서 상속등기가 이행되지 아니하고 사실상의 소유자를 신고하지 아니하였을 때에는 **주된상속자**(지분이 가장 높은 자. 가장 높은 자가 2명 이상이면 연장자)가 납세의무자이다.

06 정답 ④

㉠ 재산세는 6월 1일 현재 사실상 소유자가 납세의무자이고 과세기준일 현재까지는 양수인이 납세의무자이기 때문에 5월 31일에 재산세 과세대상 재산의 매매잔금을 수령하고 소유권 이전등기를 한 매도인은 납세의무가 없다.

㉢ 신탁법에 따라 위탁자별로 구분되어 수탁자 명의로 등기·등록된 신탁재산의 위탁자가 납세의무자이기 때문에 수탁자는 납세의무가 없다.

㉣ 도시환경정비사업시행에 따른 환지계획에서 일정한 토지를 환지로 정하지 아니하고 체비지로 정한 경우에는 사업시행자가 납세의무자이기 때문에 종전 토지소유자는 납세의무가 없다.

㉡ 공유물 분할등기가 이루어지지 아니한 공유토지는 지분권자가 납세의무자이다.

07 정답 ①

① 종중소유임을 신고하면 종중이 납세의무자이고 신고를 하지 아니한 경우에는 공부상 소유자가 납세의무자이다.

Answer   **과세표준**

01 정답 ④

① 단독주택의 재산세 과세표준은 토지·건물을 일체로 한 개별주택가격에 공정시장 가액비율을 곱하여 산정한 가액으로 한다.

② **건축물**의 재산세 과세표준은 거래가격 등을 고려하여 시장·군수·구청장이 결정한 가액에 **공정시장가액비율을 곱한 금액**으로 한다.

③ **토지**의 재산세 과세표준은 개별공시지가에 **공정시장가액비율을 곱한 금액**으로 한다.

⑤ 건축물의 재산세 과세표준은 개인 법인 구분 없이 시가표준액에 공정시장가액비율을 곱한 금액으로 한다

☑참고 과세표준

원칙 : 과세기준일 현재 시가표준액(개인, 법인 무관, 시가표준액 적용)

1. 토지와 건축물(50% − 90%)

    과세기준일 현재 시가표준액 × 공정시장가액비율(70%)

2. 주택(40% − 80%) : 과세기준일 현재 시가표준액 × 공정시장가액비율(60%)

    다만, 1세대 1주택은 100분의 30부터 100분의 70까지

3. 주택에 대한 과세표준 상한액

    과세표준에 공정시장가액비율을 곱하여 산정한 주택의 과세표준이 다음 계산식에 따른 과세표준 상한액보다 큰 경우에는 해당 주택의 과세표준은 과세표준 상한액으로 한다.

    ① 과세표준 상한액

       직전연도 해당주택의 과세표준상당액 + (과세기준일 당시 시가표준액으로 산정한 과세표준 × 과세표준 상한율)

    ② 과세표준 상한율

       0에서 100분의 5 범위 이내 대통령령이 정하는 비율

Answer | 세율

---

01 정답 ②

② 고급주택의 경우 취득세는 중과세를 적용하지만 재산세의 경우 일반주택과 동일한 초과누진세율(1/1,000~4/1,000)을 적용한다.

☑참고 재산세 세율

구 분		세 율
토 지	분리과세	비례세율(농지, 목장용지, 임야 : 0.07%, 공장용지 : 0.2%, 오골계 : 4%)
	별도합산	3단계 초과누진세율(0.2%~0.4%)
	종합합산	3단계 초과누진세율(0.2%~0.5%)
주 택	주 택	4단계 초과누진세율(0.1%~0.4%)
	고급주택	4단계 초과누진세율(0.1%~0.4%)
건축물		비례세율(일반건축물 : 0.25%, 주거지역 등 공장건축물 : 0.5%, 오골계 : 4%)
선 박		비례세율(0.3%, 5%)
항공기		비례세율(0.3%)

☑참고 1주택자(9억원 이하) : **0.05%~0.35%**

02 정답 ④

④ 납세의무자가 해당 지방자치단체 관할구역에 2개 이상의 주택을 소유하고 있는 경우 **주택별로 각각**의 과세표준에 주택의 세율을 적용한다(재산세의 경우 별도합산대상토지와 별도합산대상토지의 경우에만 소유자별로 합산하여 과세한다).

03 정답 ⑤

⑤ 과세기준일 현재 계속 염전으로 실제 사용하고 있는 토지 : 2/1,000

① 과세기준일 현재 특별시지역의 도시지역 안의 녹지지역에서 실제 영농에 사용되고 있는, 개인이 소유하는 전(田) : 0.7/1,000

② 1990년 5월 31일 이전부터 관계법령에 의한 사회복지 사업자가 복지시설의 소비용(消費用)에 공(供)하기 위하여 소유하는 농지 : 0.7/1,000

③ 산림의 보호육성을 위하여 필요한 임야로서 자연공원 법에 의하여 지정된 공원자연환경지구 안의 임야 : 0.7/1,000

④ 1990년 5월 31일 이전부터 종중이 소유하고 있는 임야 : 0.7/1,000

04 정답 ①

① 골프장용 토지 : 40/1,000

② 읍·지역 소재 공장용 건축물의 부속토지 : 2/1,000

③ 고급주택 : 1/1,000~4/1,000

④ 별도합산과세대상 차고용 토지 : 2/1,000~4/1,000

⑤ 종합합산과세대상 무허가 건축물의 부속토지 : 2/1,000~5/1,000

05 정답 ③

㉠ 별도합산과세대상 토지 : 2/1,000~4/1,000(누진세율)

㉣ 주택 : 1/1,000~4/1,000(누진세율)

㉡ 분리과세대상 토지 : 비례세율(0.07%, 0.2%, 4%)

㉢ 광역시(군 지역은 제외)지역에서 국토의 계획 및 이용에 관한 법령에 따라 지정된 주거지역의 대통령령으로 정하는 공장용 건축물 : 5/1,000(비례세율)

06 정답 ⑤

⑤ 지방자치단체의 장은 특별한 재정수요나 재해 등의 발생으로 재산세의 세율 조정이 불가피하다고 인정되는 경우 조례로 정하는 바에 따라 표준세율의 100분의 50의 범위에서 가감할 수 있다. 다만, 가감한 세율은 해당 연도에만 적용한다.

07 정답 ②

① 지방자치단체의 장은 세율조정이 불가피하다고 인정되는 경우 조례로 정하는 바에 따라 표준세율의 100분의 50의 범위에서 가감할 수 있으며, 가감한 세율은 **해당연도에만** 적용한다.

③ 고급주택의 경우 누진세율을 적용한다.

④ 토지와 건물의 소유자가 다른 주택에 대해 세율을 적용할 때 해당 주택의 토지와 건물의 가액을 **합한 과세표준**에 해당 세율을 적용한다.

⑤ 토지의 경우 재산세 과세표준은 과세기준일 현재 개별공시지가에 공정시장가액비율을 곱하여 산정한 가액으로 한다.

08 정답 ④

㉠ 지방자치단체의 장은 조례로 정하는 바에 따라 표준세율의 100분의 50의 범위에서 가감할 수 있으며, 가감한 세율은 **해당 연도에만** 적용한다.

Answer 비과세

01 정답 ②

② 재산세를 부과하는 해당 연도에 철거하기로 계획이 확정되어 재산세 과세기준일 현재 행정관청으로부터 철거 명령을 받은 주택은 비과세 하지만 그 부속토지인 **대지는 비과세하지 아니한다.**

📖참고 재산세 비과세

1. 국가 등이 소유하는 재산(**외국정부는 상호주의**)
2. 국가 등이 1년 이상(1년 이상 사용할 것이 계약서 등에 의해 입증되는 경우 포함) 공용·공공용으로 **무상 사용**
3. 군사시설보호구역 중 통제보호구역내 토지(전·답·과수원 대지는 **제외**)
4. 자연공원법에 따른 공원자연보존지구 내 임야
5. 도로법에 따른 도로(도로관리시설, 휴게시설, 주유소, 충전소, 교통관광안내소는 제외)와 그 밖의 **일반인의 자유로운 통행**을 위하여 제공한 목적으로 개설한 **사설도로**(대지안의 공지는 제외)
6. 행정관청으로부터 철거명령을 받은 건축물 또는 주택(**건축물 부분에 한정**)
7. 무덤과 이에 접속된 부속시설물 부지로 사용되는 토지로 지목이 묘지인 토지

02 정답 ⑤

⑤ 산림자원의 조성 및 관리에 관한 법률에 따라 지정된 채종림 시험림은 재산세를 비과세한다.
① 지방자치단체가 1년 이상 공용으로 사용하는 재산으로 무료로 사용하는 경우에는 비과세하지만 유료로 사용하는 재산은 과세한다.
② 한국농어촌공사 및 농지관리기금법에 따라 설립된 한국농어촌공사가 같은 법에 따라 농가에 공급하기 위하여 소유하는 농지는 과세한다.
③ 공간정보의 구축 및 관리에 관한 법률에 따른 제방은 비과세하지만 특정인이 전용하는 제방은 과세한다.
④ 군사기지 및 군사시설보호법에 따른 군사기지 및 군사시설보호구역에 있는 전·답·과수원·대지는 과세한다.

Answer | 부과 · 징수

01 정답 ①

① 재산세 납부세액의 **250만원을 초과**하는 경우 납부기한 지난날로부터 3개월 이내 분할 · 납부할 수 있다.

📝**참고** 분납(납부금액이 250만원 초과할 때): 허가 ×

1. 분납금액
   ① 500만원 이하일 경우: 250만원을 초과하는 금액
   ② 500만원 초과시: 그 세액의 100분의 50 이하의 금액
2. 분납기간: 납부기한 경과 후 3개월 이내에 분납
3. 시장 · 군수는 분납신청을 받은 경우 이미 고지한 납부고지서를 납부기한 내 납부할 납세고지서와 분할 · 납부 기한 내 납부할 납세고지서로 구분하여 수정고지 하여야한다.
   ① 종합부동산세: 250만원 초과시 6개월 이내 분납
   ② 양도소득세: 1,000만원 초과시 2개월 이내 분납

📝**참고** **재산세 납부기간**(건칠구토)

구 분		납부기간	비 고
토 지		—	—
주 택	해당 연도 징수세액의 1/2	7.16~ 7.31	다만, 해당 연도에 부과할 세액이 20만원 이하인 경우에는 조례로 정하는 바에 따라 납부기간을 7월 16일부터 7월 31일까지로 하여 한꺼번에 부과 · 징수할 수 있다.
	해당 연도 징수세액의 1/2	9.16~9.30	
건축물		7.16~7.31	—
선박, 항공기		7.16~7.31	—

시장, 군수는 과세대상 누락, 위법 또는 착오 등으로 인하여 이미 부과한 세액을 변경시키거나 수시 부과하여야 할 사유가 발생한 때에는 수시로 부과 · 징수할 수 있다.

02 정답 ⑤

㉠ 해당 연도에 부과할 **주택분 재산세액이 20만원 이하**인 경우, 조례로 정하는 바에 따라 납기를 7월 16일부터 7월 31일까지로 하여 한꺼번에 부과 · 징수할 수 있다.

㉡ 지방자치단체의 장은 과세대상의 누락 등으로 이미 부과한 재산세액을 변경하여야 할 사유가 발생하더라도 수시로 부과 · **징수할 수 있다.**

㉢ 재산세 물납을 허가하는 부동산의 가액은 **과세기준일 현재의 시가**로 평가한다.

03 정답 ①

① 해당 연도에 **주택**에 부과할 세액이 **20만원 이하**인 경우 납기를 7월 16일부터 7월 31일까지로 하여 한꺼번에 부과·징수할 수 있기 때문에 20만원까지만 한꺼번에 부과할 수 있고 20만원을 초과하는 경우에는 1/2은 7월 16일부터 7월 31일까지 나머지 1/2은 9월 16일부터 9월 30일까지 납부하여야 한다.

04 정답 ①

① 주택에 대한 재산세의 경우 해당 연도에 부과 징수할 세액의 2분의 1은 매년 7월 16일부터 7월 31일까지 나머지 2분의 1은 9월 16일부터 9월 30일까지를 납기로 한다. 다만, 해당 연도에 부과할 세액이 20만원 이하인 경우에는 조례로 정하는 바에 따라 납기를 **7월 16일부터 7월 30일**까지로 하여 한꺼번에 부과·징수할 수 있다.

05 정답 ②

② 甲의 재산세 납세의무는 과세표준과 세액을 지방자치단체가 **결정할 때 확정된다.**

06 정답 ③

③ 지방자치단체의 장은 재산세 납부세액이 1천만원을 초과하는 경우 납세의무자의 신청을 받아 관할구역에 **관할구역 내 부동산**에 한하여 법령으로 정하는 바에 따라 물납을 허가할 수 있다.

07 정답 ③

③ 주택에 대한 세부담상한은 2024년도부터 폐지되었다.

08 정답 ④

④ **주택분 재산세**로서 해당 연도에 부과할 세액이 **20만원 이하**인 경우 조례로 정하는 바에 따라 **7월 16일부터 7월 31까지** 한꺼번에 부과·징수할 수 있다.

Answer | **재산세 종합문제**

01 정답 ①

① 재산세의 과세표준을 시가표준액에 공정시장가액비율을 곱하여 산정할 수 있는 대상은 **토지와 주택과 건축물이다.** 따라서 토지와 주택에 한한다라는 지문은 틀린 지문이다.

02 정답 ⑤

① 과세기준일은 **매년 6월 1일이다.**

② **주택**의 정기분 납부세액이 50만원인 경우 세액의 2분의 1은 **7월 16일부터 7월 31일**까지, 나머지는 **9월 16일부터 9월 30일**까지를 납기로 한다.

③ **주택의 경우** 납부세액이 20만원 이하인 경우 조례에 따라 납기를 7월 16일부터 7월 31일까지로 하여 **한꺼번에 부과 · 징수할 수 있다.**

④ 과세기준일 현재 공부상의 소유자가 매매로 소유권이 변동되었는데도 신고하지 아니하여 사실상의 소유자를 알 수 없는 경우 그 **공부상의 소유자**가 재산세 납부의무가 있다. 귀속이 불분명한 경우 사용자를 납세의무자로 한다.

03 정답 ④

① **건축물**에 대한 재산세의 납기는 매년 **7월 16일에서 7월 31일이다**(건칠구토).

② 재산세의 과세대상 물건이 공부상 등재현황과 사실상의 현황이 다른 경우에는 사실상 현황에 따라 재산세를 부과한다.

③ **주택**에 대한 재산세는 납세의무자별로 **합산하지 아니하고 주택별로 각각** 세율을 적용한다. 별도합산대상토지와 종합합산대상토지의 경우에만 납세의무자별로 합산하여 초과누진세율을 적용한다.

⑤ 건축물에 대한 재산세 과세표준은 시가표준액의 **100분의 70**으로 한다.

04 정답 ②

① 특별시 지역에서 「국토의 계획 및 이용에 관한 법률」에 따라 지정된 주거지역의 대통령령으로 정하는 공장용 **건축물**의 표준세율은 5/1,000의 **비례세율**이다.

③ 주택의 토지와 건물 소유자가 다를 경우 해당 주택에 대한 세율을 적용할 때 해당 주택의 **토지와 건물의 가액을 합한** 과세표준에 세율을 적용한다.

④ **주택**의 재산세로서 해당 연도에 부과할 세액이 **20만원 이하**인 경우에는 납기를 **7월 16일부터 7월 31일**까지로 하여 한꺼번에 부과 · 징수할 수 있다.

⑤ 지방자치단체의 장은 과세대상의 누락으로 이미 부과한 재산세액을 변경하여야 할 사유가 발생한 경우에는 수시로 부과 · 징수할 수 **있다.**

Answer | **물 납**

01 정답 ⑤

⑤ 물납 신청 후 불허가 통지를 받은 경우에 해당 시·군·구의 **다른 부동산으로** 변경신청하면 **변경하여 허가할 수 있다.**

☑참고 **물납 및 분납**

물납 : 납부세액이 1천만원 초과할 때(1천만원인 경우 물납할 수 없다)

1. 물납대상 : 관할구역 내에 소재하는 부동산에 한하여 허가
   ▶ 국내에 소재하는 부동산으로 물납할 수 있다 : ×
   ▶ 관할구역 내 소재하는 재산세 과세대상으로 물납할 수 있다 : ×
   ① 재산세 고지서에 병기고지할 수 있는 소방분 지역자원시설세와 부가세인 지방교육세 등은 물납할 수 없다.
   ② 재산세 도시지역분도 재산세와 합산하여 재산세로 부과되기 때문에 물납이 가능하다.

02 정답 ③

③ 재산세 물납신청을 받은 시장·군수·구청장이 물납을 허가하는 경우 물납을 허가하는 부동산의 가액은 **과세기준일** 현재의 시가로 한다.

03 정답 ③

© 물납을 허가하는 부동산의 가액은 **과세기준일** 현재의 시가로 한다.

☑참고

1. 물납의 신청과 납부절차
   ① 납부기한 10일 전까지 신청 : 5일 이내 서면으로 허가 여부 통지
      ▶ 지방자치단체 장은 물납신청을 받은 부동산이 관리처분상 부적당하다고 인정되는 경우에는 허가를 하지 아니할 수 있다.
   ② 불허가 받은 경우 : 10일 이내 변경신청
      ▶ 물납을 하면 납기 내 납부한 것으로 본다.
2. 물납 부동산 평가 : 과세기준일 현재의 시가
   ① 토지·주택 : 지방세법에 의한 시가표준액
   ② 건축물 : 지방세법에 의한 시가표준액
      ▶ 시가로 인정되는 부동산 가액(과세기준일 전 6월 이내)
   ③ 보상가액·공매가액·감정가액·국가 등으로부터 취득 및 판결문 법인장부에 의하여 취득가액이 입증되는 취득으로 그 취득가액
   ④ 시가로 보는 가액이 2 이상인 경우 재산세의 과세기준일로부터 가장 가까운 날에 해당하는 가액을 시가로 본다.

Answer	과세대상

01 정답 ⑤

ㄱ 종중이 1990년 1월부터 소유하는 농지 : 재산세 분리과세대상 ⇨ 종합부동산세 과세대상이 아니다.

ㄴ 1990년 1월부터 소유하는 「수도법」에 따른 상수원보호구역의 임야 : 재산세 분리과세대상 ⇨ 종합부동산세 과세대상이 아니다.

ㄷ 「지방세법」에 따라 재산세가 비과세되는 토지 : 종합부동산세 비과세 감면 규정은 재산세 규정을 준용하기 때문에 재산세 비과세 대상은 종합부동산세도 비과세한다.

ㄹ 취득세 중과대상인 고급오락장용 건축물 : 건축물은 종합부동산세 과세대상이 아니다.

☑참고 **종합부동산세 과세대상**(소유자별 합산과세)

별도합산과세대상토지(상가 등 사업용 토지)	공시가격 합한 금액 80억원 초과
종합합산과세대상토지(나대지 등 비사업용 토지)	공시가격 합한 금액 5억원 초과
주택(1세대 1주택 단독명의 : 12억원 초과)	공시가격 합한 금액 9억원 초과

02 정답 ⑤

ㄴ 국내에 있는 부부공동명의(지분비율이 동일함)로 된 1세대 1주택의 공시가격이 10억원인 경우 : 부부 공동명의의 경우 종합부동산세는 세대별로 합산하지 아니하고 **소유자별로 합산**하여 과세하기 때문에 지분이 동일한 경우 남편과 부인 **각각 5억원**으로 9억원을 초과하지 않았기 때문에 종합부동산세 **과세대상이 아니다**.

ㄷ 공장용 건축물 : **건축물**은 종합부동산세 과세대상이 아니다.

ㄹ 회원제 골프장용 토지(회원제 골프장업의 등록시 구분등록의 대상이 되는 토지)의 공시가격이 100억원인 경우 : 재산세 고율 **분리과세대상**으로 종합부동산세 **과세대상이 아니다**.

ㄱ 여객자동차운송사업 면허를 받은 자가 그 면허에 따라 사용하는 차고용 토지(자동차운송사업의 최저보유차고면적기준의 1.5배에 해당하는 면적 이내의 토지)의 공시가격이 100억원인 경우 : **별도합산대상**으로 공시가격이 **80억원을 초과**하기 때문에 종합부동산세 **과세대상이다**.

03 정답 ④

④ 혼인으로 인한 1세대 2주택의 경우 합산배제를 신청과 관계없이 혼인한 날로부터 10년간은 각각 별도세대로 본다.

구 분	동거봉양	혼 인
양도소득세	10년 이내 먼저 양도하는 주택 1세대 1주택으로 본다.	10년 이내 먼저 양도하는 주택은 1세대 1주택으로 본다.
종합부동산세	10년 동안 각각 1세대 1주택으로 본다.	10년 동안 각각 1세대 1주택으로 본다.

04 정답 ③

① 「신탁법」 제2조에 따른 **수탁자**의 명의로 등기된 신탁주택의 경우에는 **위탁자**가 종합부동산세를 납부할 의무가 있으며, 이 경우 **위탁자**가 신탁주택을 소유한 것으로 본다.

② **법인(공익법인 등은 제외)이 2주택**을 소유한 경우 종합부동산세의 세율은 **1천분의 27**을 적용한다.

④ 신탁주택의 **위탁자**가 종합부동산세를 체납한 경우 그 **위탁자**의 다른 재산에 대하여 강제징수하여도 징수할 금액에 미치지 못할 때에는 해당 주택의 **수탁자**가 종합부동산세를 납부할 의무가 있다.

⑤ **공동명의 1주택자**인 경우 주택에 대한 종합부동산세의 과세표준은 주택의 공시가격을 합산한 금액에서 **9억원을 공제**한 금액에 **100분의 60**을 한도로 공정시장가액비율을 곱한 금액으로 한다.

Answer 부과 · 징수

01 정답 ④

① 종합합산과세 대상인 토지에 대한 종합부동산세의 세액은 과세표준에 **1%~3%**의 세율을 적용하여 계산한 금액으로 한다.

② 종합부동산세로 납부해야 할 세액이 **250만원을 초과하는 경우** 관할세무서장은 그 세액의 일부를 납부기한이 지난 날부터 6개월 이내에 분납하게 할 수 있다.

③ 관할세무서장이 종합부동산세를 징수하려면 납부기간개시 5일 전까지 주택분과 토지분을 **구분한** 과세표준과 세액을 납부고지서에 기재하여 발급하여야 한다.

⑤ 별도합산과세대상인 토지에 대한 종합부동산세의 세액은 과세표준에 0.5%~0.7%의 세율을 적용하여 계산한 금액으로 한다.

🗒참고

1. 원칙 : 정부부과과세 제도
2. 예외 : 납세의무자가 신고 · 납부하고자 하는 경우에는 신고 · 납부할 수 있다. **이 경우 과세권자의 결정은 없었던 것으로 본다.**
3. 과세기준일 : 매년 6월 1일
4. 납부기한
   매년 12월 1일부터 12월 15일까지 납부(신고 · 납부의 경우에도 동일)
   ① 신고 · 납부하지 않아도 무신고 가산세는 부과되지 않는다. 단, 과소신고 가산세는 부과될 수 있다.
   ② 과소신고 후 미납부 : 납부지연가산세(1일 22/100,000)
   ③ 납부지연가산세 : 납부고지 후 미납부(3%+1일 22/100,000)
5. 납세지
   ① 개인(거주자) 또는 법인으로 보지 아니하는 단체 : 주소지 관할 세무서. 다만, 주소지를 알 수 없는 때에는 거소지 관할 세무서로 한다.
   ② 비거주자
      ㉠ 국내사업장소재지, 사업장이 없는 경우에는 원천소득이 발생한 장소를 납세지로 한다.
      ㉡ 사업장도 없고 원천소득도 발생하지 아니한 경우 : 토지 또는 주택의 소재지
   ③ 법인 또는 법인으로 보는 단체 : 본점 소재지 관할 세무서
6. 분납 : 납부세액이 250만원 초과시 납부기한 경과 후 6개월 이내 분납
7. 비과세 및 감면 : 재산세 비과세 감면 규정 준용

02 정답 ③

① 재산세 과세대상 중 **분리과세대상** 토지는 종합부동산세 **과세대상이 아니다.**
② 종합부동산세로 납부해야 할 세액이 **250만원을 초과하는 경우** 관할세무서장은 그 세액의 일부를 납부기한이 지난 날부터 6개월 이내에 분납하게 할 수 있다.
④ 납세자에게 부정행위가 없으며 특례제척기간에 해당하지 않는 경우 원칙적으로 납세의무 성립일로부터 **5년이 지나면** 종합부동산세를 부과할 수 없다.
⑤ 별도합산과세대상인 토지의 재산세로 부과된 세액이 세부담상한을 적용받은 경우 그 상한을 **적용받은 세액**을 별도합산과세대상 토지분 종합부동산세액에서 공제한다.

03 정답 ⑤

① 토지분 재산세의 납세의무자로서 종합합산과세대상 토지의 공시가격을 합한 금액이 5억원을 **초과**하는 자가 종합부동산세를 납부할 의무가 있다.
② 토지분 재산세의 납세의무자로서 별도합산과세대상 토지의 공시가격을 합한 금액이 80억원을 **초과**하는 자가 종합부동산세를 납부할 의무가 있다.
③ 토지에 대한 분리과세대상 토지는 종합부동산세 과세대상이 아니다.
④ 종합합산과세대상인 토지에 대한 종합부동산세의 과세표준은 해당 토지의 공시가격을 합산한 금액에서 5억원을 공제한 금액에 100분의 100을 한도로 공정시장가액비율을 곱한 금액으로 한다.

04 정답 ③

③ **1세대 1주택**자(단독명의)의 경우에만 연령별 세액공제와 보유기간 공제를 80/100 범위에서 중복하여 적용 받을 수 있다.

참고 **세액공제**(단, 공제율 합계 100분의 80의 범위 안에서 중복공제가 가능)

1. 1세대 1주택 연령별 세액공제

연령별	공제율
만 60세 이상~만 65세 미만	100분의 20
만 65세 이상~만 70세 미만	100분의 30
만 70세 이상	100분의 40

2. 1세대 1주택 장기보유 세액공제

보유기간	공제율
5년 이상~10년 미만	100분의 20
10년 이상~15년 미만	100분의 40
15년 이상	100분의 50

05 정답 ②

② 종합부동산세를 신고납부방식으로 납부하고자 하는 납세의무자는 종합부동산세의 과세표준과 세액을 해당 연도 12월 1일부터 12월 15일까지 관할 세무서장에게 신고하여야 한다.

06 정답 ④

④ 토지분 종합부동산세액에서 공제되는 재산세액은 재산세 표준세율의 100분의 50의 범위에서 가감된 세율이 적용된 경우에는 그 세율이 **적용된 세액**으로 하고 재산세 세부담 상한을 적용받는 경우에는 그 상한을 **적용 받은 세액**으로 한다.

07 정답 ④

④ 납세의무자는 선택에 따라 신고·납부할 수 있고 신고를 함에 있어 납부세액을 과소하게 신고한 경우에는 **과소신고가산세가 적용된다**(단, 무신고가산세는 부과되지 않는다).

① 재산세 납세의무자가 6월 1일까지는 매수인이고 6월 2일부터는 매도인이 납세의무자이기 때문에 종합부동산세 납세의무자도 매도인이다.

② 납세의무자가 국내에 주소를 두고 있는 개인의 경우 납세지는 주소지이고 주소지가 없는 거주자는 거소지이며 비거주자의 경우 국내사업장소재지 사업장이 없으면 국내원천소득이 발생한 장소를 납세지로 하고 국내사업장도 없고 원천소득도 없는 경우에는 주택 또는 토지 소재지를 납세지로 한다.

③ 재산세와 종합부동산세 제척기간은 납세의무 성립일(6월 1일)로부터 5년이다.

⑤ 종합부동산세는 물납이 허용되지 않는다(재산세의 경우에만 물납이 가능하고 종합부동산세는 물납은 허용되지 않지만 분납은 허용된다).

08 정답 ①

① 자연공원법에 따라 지정된 공원자연환경지구의 임야는 재산세 **분리과세대상**이기 때문에 종합부동산세 **과세대상이 아니다.**

09 정답 ④

④ 종합합산과세대상 토지의 재산세로 부과된 세액이 세부담상한을 적용받는 경우 그 상한을 **적용받은 세액**을 종합합산과세대상 토지분 종합부동산세액에서 공제한다.

10 정답 ②

① 과세기준일 현재 세대원 중 1인과 그 배우자만이 공동으로 1주택을 소유하고 해당 세대원 및 다른 세대원이 다른 주택을 소유하지 아니한 경우 **신청(9월 16일부터 9월 30일까지)한 경우에 한하여** 공동명의 1주택자를 해당 1주택에 대한 납세의무자로 한다.

③ 1세대가 일반 주택과 합산배제 신고한 임대주택을 각각 1채씩 소유한 경우 해당 일반주택에 주민등록이 되어 있고 그 주택에 **실제 거주하고 있는 경우에 한하여** 1세대 1주택자에 해당한다.

④ **1세대 1주택자**는 주택의 공시가격을 합산한 금액에서 **12억원을 공제**한 금액에 공정시장가액비율을 곱한 금액을 과세표준으로 한다.

⑤ 1세대 1주택자에 대하여는 주택분 종합부동산세 산출세액에서 소유자의 연령과 주택 보유기간에 따른 공제액을 공제율 합계 **100분의 80**의 범위에서 중복하여 공제한다.

11 정답 ④

④ 재산세의 경우 주택분 재산세 세부담상한은 **2024년부터 폐지되었다.**

③ 재산세 납부세액이 600만원인 경우 최대 분할납부 금액은 50/100인 300만원까지 분할납부가 가능하기 때문에 100만원도 납부기한이 지난 날로부터 3개월 이내에 분납할 수 있다(단, 만일 최대 100만원을 분할납부할 수 있다라고 하면 틀린 지문이 된다).

12 정답 ③

주택분 종합부동산세에 공제되는 재산세액은 다음과 같다.

> 재산세로 부과된 세액 × [(종합부동산세 과세표준 × 재산세 공정시장가액비율 × 재산세 표준세율)
> / 주택을 합산하여 주택분 재산세 표준세율로 계산한 재산세 상당액]

Chapter 06 소득세 총론

Answer 소득세 납세의무

01 정답 ④

④ **비거주자**는 국내 건물 양도의 경우 납세의무가 있고 **국외에 있는 건물의 양도**로 인하여 발생하는 소득에 대하여 양도소득세 **납세의무가 없다.**

❤ 거주자, 비거주자

구 분	개 념	납세의무의 범위
거주자	국내에 주소가 있거나 1 과세기간 중 183일이상 거소를 둔 자	국내, 국외 소득에 대하여 과세
비거주자	거주자가 아닌 자	국내 원천소득에 대하여만 과세

☑참고 **국외자산 양도에 대한 납세의무자 : 국내에 5년 이상 주소 또는 거소를 둔 자**

❤ 납세지

거주자	주소지 또는 거소지	
비거주자	사업장이 있는 경우	사업장 소재지
	사업장이 없는 경우	국내 원천소득이 발생한 장소

Answer 부동산 임대소득

01 정답 ③

③ **3주택(주택 수에 포함되지 않는 주택 제외) 이상**을 소유한 거주자가 주택과 주택부수토지를 임대(주택부수토지만 임대하는 경우 제외)한 경우로서 해당 주택의 **보증금 등의 합계액이 3억원을 초과하는 경우** 법령으로 정하는 바에 따라 계산한 금액(간주임대료)을 총수입금액에 산입한다.

☑참고
1. 비과세 임대업의 소득
   ① 논, 밭을 작물생산에 사용하게 함으로 인하여 발생하는 소득
   ② 1주택의 주택임대소득(고가주택과 국외주택은 과세)

   ㅇ 고가주택이란 과세기간 종료일 또는 당해 주택의 양도일 현재 기준시가 12억원을 초과하는 주택을 말한다.

   ㅈ 연간 임대소득이 2,000만원 이하인 경우 비과세를 하지 아니하고 분리과세와 종합과세 중 선택하여 적용할 수 있다.

  ③ 본인과 배우자가 각각 주택을 소유하는 경우에는 이를 합산한다.

 2. 비과세 주택 임대 소득의 주택 수 계산

  ① 다가구 주택은 1개의 주택으로 보되 구분 등기된 경우 각각을 1개의 주택으로 계산한다.

  ② 공동소유 주택은 지분이 가장 큰 자의 소유로 계산

 3. 간주 임대료(주택을 대여하고 보증금 등을 받은 경우)

  ① 3주택($40m^2$ 이하이고 기준시가 2억원 이하인 주택은 주택 수에서 제외) 이상을 소유

  ② 보증금 합계액이 3억원을 초과

위 ①과 ② 조건을 동시 충족하는 경우 대통령령이 정하는 바에 따라 계산한 금액을 총수입금액에 합산한다.

02 정답 ④

① 임대하는 국내소재 1주택의 비과세 여부 판단시 가액은 「소득세법」상 기준시가 **12억원**을 기준으로 판단한다.

② **국외 소재 주택**을 임대하는 경우에는 비과세를 적용하지 아니한다.

③ 본인과 배우자가 각각 국내 소재 주택을 소유한 경우, 이를 **합산한** 소유주택을 기준으로 주택임대소득 비과세 대상인 1주택 여부를 판단한다.

⑤ 과세기간 종료일 현재 소유 중인 국내 소재 주택에 대한 주택임대소득의 비과세 여부 판단시 기준시가는 **과세기간 종료일**을 기준으로 한다.

03 정답 ②

② **3주택**(법령에 따른 소형주택 아님)을 소유하는 자가 받은 보증금의 합계액이 **3억원을 초과**하는 경우 법령에 따라 정하는 바에 따라 계산한 간주임대료를 사업소득 총수입금액에 산입한다.

③ 주택의 경우 3주택 이상의 경우에만 보증금에 대한 간주임대료를 계산하기 때문에 2주택이기 때문에 주택은 간주임대료를 계산하지 않는다.

04 정답 ⑤

⑤ 주택을 임대하여 얻은 소득은 거주자의 **사업자등록 여부와 관계없이** 소득세 납세의무가 있다.

① 1주택자로 고가주택에 해당하지만 전세금을 받고 임대한 경우에는 보증금에 대해서 3주택 이상의 경우에만 간주임대료를 계산하기 때문에 과세하지 아니한다.

② 주택 2채를 소유했기 때문에 보증금에 대한 간주임대료는 과세하지 아니하고 월세 계약에 의한 임대료만 과세한다.

05 정답 ⑤

⑤ 임대보증금의 간주임대료를 계산하는 과정에서 금융수익을 차감할 때 그 금융수익은 수입이자와 할인료, 수입배당금으로 한다. **유가증권처분이익은 포함하지 아니한다.**

① 지상권의 대여(공익사업과 관련된 경우)로 인한 소득은 부동산 임대업에서 발생한 소득에서 제외한다. 즉, 공익사업과 관련된 경우에는 기타소득에 해당하기 때문에 공익사업관련 여부를 반드시 확인을 해야 한다.
③ 주거용 건물 임대업에서 발생한 결손금은 종합소득 과세표준을 계산할 때 공제한다. 즉, 다른 부동산의 경우에는 공제를 적용하지 아니한다.
④ 주택의 경우에만 연간 임대수입이 2,000만원 이하인 경우 종합소득과 분리과세 중 하나를 선택하여 적용한다.

06 정답 ④
① 국외에 소재하는 주택의 임대소득은 주택 수에 관계없이 **과세한다.**
② 공익사업을 위한 토지 등의 취득 및 보상에 관한 법률에 따른 **공익사업과 관련**하여 지역권을 대여함으로써 발생하는 소득은 부동산업에서 발생하는 소득이 아니라 **기타소득으로 한다.**
③ 부동산임대업에서 발생하는 사업소득의 납세지는 거주자의 **주소지**로 하고 주소지가 없는 경우에는 거소지를 납세지로 한다.
⑤ 주거용 건물 임대업에서 발생한 결손금은 종합소득 과세표준을 계산할 때 공제한다.

07 정답 ①
② 공장재단을 대여하는 사업은 부동산임대업에 해당한다.
③ 해당 과세기간의 **주거용 건물 임대업을 제외한** 부동산임대업에서 발생한 결손금은 그 과세기간의 종합소득과세표준을 계산할 때 **공제하지 아니한다.**
④ 「공익사업을 위한 토지 등의 취득 및 보상에 관한 법률」 제4조에 따른 **공익사업과 관련하여** 지역권을 설정함으로써 발생하는 소득은 부동산업에서 발생하는 소득에 해당하지 아니한다.
⑤ 사업소득에 부동산임대업에서 발생한 소득이 포함되어 있는 사업자는 그 소득별로 **구분하여** 회계처리하여야 한다.

08 정답 ②
1. 부동산임대업의 총수입금액 : 임대료+간주임대료
2. 임대료 : 1,000,000원×12월 = 12,000,000원
3. 간주임대료(총수입금액에 산입할 금액) : (500,000,000원×365−200,000,000원×365)×1/365 ×6%−1,000,000원 = 17,000,000원
4. 부동산임대업의 총수입금액 : 12,000,000원+17,000,000원 = 29,000,000원

09 정답 ③
1. 주택에 대한 **총수입금액** : 월임대료+간주임대료(보증금)
2. 월임대료 : (500,000원+1,000,000원)×12개월 = 18,000,000원
3. 간주임대료 : 간주임대료는 주택의 경우 3주택 이상이고 보증금 합계액이 3억원을 초과하는 경우에만 과세가 된다. 이 경우 주택수 계산시 전용면적 40m² 이하이고 기준시가 2억원인 주택의 경우 주택수에서 제외가 된다. 따라서 B주택은 소형주택으로 주택수에서 제외되서 2주택으로 보아 간주임대료를 계산하지 아니한다. 따라서 2025년 귀속 사업소득의 총수입금액은 18,000,000원이다

Chapter 07 양도소득세

Answer │ **과세대상**

01 정답 ②

㉠ 「도시개발법」에 따라 토지의 일부가 보류지로 충당되는 경우: 양도로 보지 않는다.

㉢ 이혼으로 인하여 혼인 중에 형성된 부부공동재산을 「민법」제 839조의2에 따라 재산분할 하는 경우: 양도로 보지 않는다.

㉣ 주거용 건물건설업자가 당초부터 판매할 목적으로 신축한 다가구주택을 양도하는 경우: 사업소득으로 종합소득세 과세대상이다.

02 정답 ②

㉡ 등기된 부동산임차권: 양도소득세 과세대상이다.

㉢ 건물이 완성되는 때에 그 건물과 이에 딸린 토지를 취득할 수 있는 권리: 부동산을 취득할 수 있는 권리로 양도소득세 과세대상이다.

㉤ 전세권: 양도소득세 과세대상이다.

㉠ 지역권: 부동산임대소득 과세대상이다.

㉣ 영업권(사업용 건물과 분리되어 양도되는 것): 영업권은 사업용 건물과 함께 양도하는 경우 양도소득세 과세대상이다.

☞ 과세대상 종합

구 분	양도소득세 과세대상	과세대상 제외
부동산 등	1. 토지 및 건물 2. 부동산에 관한 권리 　① 지상권·전세권 및 **등기된** 부동산임차권 　② 부동산을 취득할 수 있는 권리	• 지역권 • 기계장비 • 미등기된 부동산 임차권
	3. 기타자산 　① 특정주식 　② 부동산 과다보유 법인의 주식 　③ 특정시설물 이용권·회원권 　④ 사업에 사용하는 토지 건물 및 부동산에 관한 권리와 **함께** 양도하는 영업권 　⑤ 토지 건물과 **함께** 양도하는 이축권	영업권을 단독으로 양도하는 경우
기 타	4. 주식(출자지분과 신주인수권 포함) 5. 파생상품 6. 신탁수익권	―

184 부동산세법

03 정답 ⑤

⑤ 양도소득세는 등기 여부와 관계없이 과세하지만 임차권은 채권으로 **등기된** 부동산임차권의 경우에만 과세대상이다

04 정답 ③

- 부동산 임차권은 등기된 경우에만 과세대상이다.
- 이축권을 별도로 평가하여 신고하는 경우에는 양도소득세 과세대상이 아니다.

05 정답 ③

③ 지상권은 양도소득세 대상이지만 지역권은 양도소득세 대상에 해당하지 아니한다.

Answer | 부담부증여

---

01 정답 ⑤

⑤ 양도소득세 과세대상에 해당하는 자산과 해당하지 아니하는 자산을 함께 부담부증여하는 경우로서 증여자의 채무를 수증자가 인수하는 경우 채무액(양도로 보는 금액)은 다음 계산식에 따라 계산한다.

$$채무액 = A \times \frac{B}{C}$$

A: 총 채무액
B: 양도 소득세 과세대상 자산가액
C: 총 증여 자산가액

甲이 배우자 乙에게 X(시가 2억원)토지와 양도소득세 과세대상이 아닌 시가 2억원인 Y토지를 함께 부담부증여를 한 경우 채무액 5천만원을 X토지와 Y토지로 1/2씩 안분을 해야 한다. 따라서 2,500만원만 X토지에 대한 양도로 본다.

∴ 채무액 = 5천만원×[2억원/(2억원+2억원)] = 2천5백만원

📝참고 **부담부증여** : 증여자의 채무를 수증자가 부담하는 조건으로 증여하는 행위

구 분			유 형
일반적인 경우	채무액		유상
	채무 외		증여
배우자 또는 직계존비속	채 무	원 칙	증여
		입증되는 경우 ① 공매(경매) ② 파산선고 ③ 교환 ④ 대가지급 : 소득, 재산 처분·담보 등	유상
	채무 외		증여

Answer 양도의 형태 구분

01 정답 ②

② 이혼위자료의 경우 재산분할로 인한 소유권이전의 경우에는 양도로 보지 않지만 법원의 확정판결로 인한 소유권이전은 양도로 본다.

❤ 양도의 형태 구분

구 분			양도 ○	양도 ×
매매 등 유상이전			○	
상속, 증여 등 무상이전				○
경매, 공매	원 칙		○	
	소유자산을 경매·공매로 자기가 재취득하는 경우			○
교 환	원 칙		○	
	공간법상 지적경계선 변경을 위한 토지의 분할			○
현물출자			○	
대물변제			○	
조세의 물납			○	
환지처분 보류지	환지처분으로 지목 또는 지번이 변경되는 경우			○
	환지처분으로 권리면적이 감소한 경우		○	
이 혼	위자료		○	
	재산분할			○
수 용			○	
부담부증여	증여가액 중 그 채무액에 상당하는 부분		○	
	배우자 직계존비속	원 칙		○
		양도라는 사실을 입증한 경우	○	
양도담보	원 칙			○
	계약체결 후 요건에 위배, 채무불이행으로 변제에 충당한 경우		○	
배우자 또는 직계존비속에 대한 양도	원 칙			○
	양도라는 사실을 입증한 경우		○	
법원의 확정판결에 의한 신탁해지				○
공유물 분할	공유자 지분 변경 없이 분할			○
	공유자 공동지분이 변경되는 경우		○	
환 원	매매원인 무효의 소로 환원될 경우			○
	적법하게 체결된 계약이 당사간 합의로 해제		○	
사업적 양도	건설업자가 주택을 양도하는 경우			○
	부동산매매업자가 토지 등을 양도하는 경우			○

02 정답 ③

③ 소득세법 시행령 제151조 제1항에 따른 양도담보계약을 체결한 후 채무불이행으로 인하여 당해 자산을 변제에 충당하는 경우에 양도담보는 양도로 보지 않지만 채무불이행으로 변제에 충당하면 양도로 본다.

① 도시개발법이나 그 밖의 법률에 따른 환지처분으로 지목이 변경되는 경우는 양도로 보지 아니한다. 다만, 환지받은 토지를 매각하는 경우는 양도로 본다.

② 부담부증여(배우자 직계존비속은 제외)시 그 증여가액 중 채무액에 해당하는 부분은 양도로 보고 채무액을 제외한 나머지 부분은 증여로 본다.

④ 매매원인 무효의 소에 의하여 그 매매사실이 원인무효로 판시되어 소유권이 환원되는 경우는 양도로 보지 않는다. 다만, 적법하게 체결된 계약이 당사자 간의 합의로 해제되어 환원되는 경우에는 양도로 본다.

⑤ 본인 소유 자산을 경매로 인하여 재취득하는 경우 양도로 보지 아니한다.

Answer 양도 또는 취득시기

01 정답 ①

① 도시개발법에 따라 교부 받은 토지의 면적이 환지처분에 의한 권리면적보다 증가 또는 감소된 경우: 환지처분공고가 있은 날의 **다음 날**

⤙ 양도 또는 취득시기

구 분		양도 또는 취득시기
원 칙		대금청산일(사실상 잔금지급일)
대금청산일이 불분명한 경우		등기접수일
대금청산 전에 소유권 이전 등기		등기접수일
장기할부조건		소유권이전등기일, 인도일, 사용수익일 중 빠른 날
자기가 건설한 건축물	허가 받음	사용승인서교부일
	허가 받지 않음	사실상 사용일
상속으로 취득		상속개시일
증여로 취득		증여를 받은 날
공익사업을 위하여 수용되는 경우		대금청산일, 수용개시일, 소유권이전등기접수일 중 빠른 날
완성 또는 확정되지 아니한 자산을 양도 또는 취득한 경우		그 목적물이 완성 또는 확정된 날
환지처분	원 칙	환지 전 토지 취득일
	증감된 토지	환지처분공고일의 다음 날
법원의 무효판결로 환원		그 자산의 당초 취득일
시효취득		점유를 개시한 날
경락에 의한 취득		대금을 완납한 날
취득시기 의제	부동산 등	1985년 1월 1일에 취득한 것으로 본다.
	주식 등	1986년 1월 1일에 취득한 것으로 본다.

02 정답 ①

① 자기가 건설한 건축물에 있어서 건축허가를 받지 아니하고 건축하는 건축물은 사실상 사용일로 한다.

03 정답 ⑤

⑤ 완성되지 아니한 자산을 양도한 경우로서 해당 자산의 대금을 청산한 날까지 그 목적물이 완성되지 아니한 경우에는 그 목적물이 완성 또는 확정된 날을 양도 또는 취득시기로 한다.

Answer | **필요경비**

01 정답 ①

① 주택의 취득대금에 충당하기 위한 대출금의 이자 지급액은 필요경비에 포함하지 아니한다.

☑참고 **필요경비에 포함하지 않는 경우**

1. 취득 관련 조세의 가산세
2. 보유 관련 조세(재산세, 종합부동산세)
3. 당초 약정에 의한 거래가액의 지급기일의 지연으로 인하여 추가로 발생하는 이자 상당액
4. 부당행위계산에 의한 시가초과액
5. 수익적 지출
6. 양도 간접비용
7. 취득에 대한 쟁송이 있는 자산에 대하여 그 소유권 등을 확보하기 위하여 직접 소요된 소송비용, 화해비용 등의 금액으로서 그 지출한 연도의 각 소득금액 계산에 있어서 필요경비에 산입된 것
8. 지적공부상 면적이 증가한 해당 토지를 양도할 때 지적재조사 결과 보유한 토지 면적이 증가하여 납부한 조정금은 취득가액에서 제외한다.

1. 지출한 자본적 지출액은 그 지출에 관한 증명서류를 수취 보관하거나 실제 지출사실이 금융거래 증명서류에 의하여 확인되는 경우 필요경비에 포함한다.
2. 금융기관 이외의 자에게 양도한 경우에는 동일한 날에 금융기관에 양도하였을 경우 발생하는 매각차손을 한도로 한다.

02 정답 ⑤

⑤ 환산취득가액은 **취득가액**을 추계할 경우에는 적용되지만 **양도가액**을 추계할 경우에는 적용되지 않는다.

❣ **양도가액과 취득가액**

구 분	원 칙	예 외
양도가액	실지거래가액	추계결정(실지거래가액 미확인 및 불인정시)
취득가액	실지거래가액	추계결정가액

☑참고 추계결정가액의 적용순서
1. 취득가액 : 매매사례가액 ⇨ 감정가액 ⇨ 환산취득가액 ⇨ 기준시가
2. 양도가액 : 매매사례가액 ⇨ 감정가액 ⇨ 기준시가

☑참고
1. 추계조사 결정·경정은 취득가액과 양도가액 모두 적용순서가 바뀌면 안 된다.
2. 환산취득가액은 취득가액의 경우에만 적용되고 양도가액의 경우 적용하지 아니한다.
3. 취득가액을 추계결정하는 경우 자본적 지출액과 양도비 대신 필요경비개산공제를 적용한다.

03 정답 ①

① 취득당시 실지거래가액을 확인할 수 없는 경우에는 **매**매사례가액, **감**정가액, **환**산취득가액, **기**준시가를 순차로 적용하여 산정한 가액을 취득가액으로 한다.

04 정답 ④

④ 양도자산의 취득 후 쟁송이 있는 경우 그 소유권을 확보하기 위하여 직접 소요된 소송비용으로서 그 지출한 연도의 각 사업소득금액 계산시 **필요경비에 산입된 금액**은 이미 다른 소득금액 계산시 공제를 받았기 때문에 양도소득세의 경우 필요경비에 **포함하지 아니한다**. 다만, 필요경비로 산입된 금액을 제외한 금액은 포함한다.

05 정답 ①

② 취득가액을 실지거래가액에 의하는 경우 자본적 지출액도 실지로 지출된 가액에 의하므로 소득세법 제160조의2 제2항에 따른 증명서류를 수취 **보관하거나** 실제 지출사실이 금융거래 증명서류에 의해 확인되는 경우에도 필요경비로 인정된다. 둘 중 하나로 입증되면 해당하면 필요경비로 인정된다.

③ 소득세법 제97조 제3항에 따른 취득가액을 계산할 때 감가상각비를 공제하는 것은 취득가액을 실지거래가액으로 하는 **경우뿐만 아니라** 취득가액을 환산취득가액으로 하는 때에도 적용한다.

④ 토지를 취득함에 있어서 부수적으로 매입한 채권을 만기전에 양도함으로써 발생하는 매각차손은 채권을 **금융기관에 매각하는 경우에만** 전액 양도비용으로 인정된다.

⑤ 취득세는 납부영수증이 없는 때에도 필요경비로 인정한다.

06 정답 ①

1. 양도차익 산정시 양도가액과 취득가액이 실거래가가 확인되지 아니하는 경우 추계조사 결정·경정

① 양도가액 : 매매사례가액 - 감정가액 - 기준시가 순서

② 취득가액 : 매매사례가액 - 감정가액 - 환산취득가액 - 기준시가 순서로 양도차익을 산정한다.

2. 양도가액 : 매매사례가액인 3억원

3. 취득가액 : 매매사례가액과 감정가액이 없으므로 환산취득가액을 적용한다.

4. 환산취득가액 : 양도당시매매사례가액(3억원)×취득당시기준시가(1억원)/양도당시 기준시가(2억원) = 1억5천만원

5. 이 문제에서 양도차익을 최소화하기 위한 양도차익은 취득가액을 환산취득가액을 적용하는 경우 환산취득가액과 필요경비개산공제를 합한 금액과 자본적 지출과 양도비를 합한 금액 중 큰 금액을 필요경비로 공제 받을 수 있다.

① 필요경비개산공제 : 취득당시 기준시가(1억원)×3% = 300만원

② 환산취득가액+필요경비개산공제액 : 1억5천300만원

③ 자본적 지출과 양도비 합계액 : 1억6천만원

6. 따라서 양도차익은 둘 중 큰 금액인 1억 6천만원을 필요경비로 하여 계산한다.

∴ 3억원(양도가액) - 1억6천만원(자본적지출과 양도비 합계액) = 1억4천만원

07 정답 ③

1. 양도가액 : 15억원

2. 취득가액(추계조사 결정 - 환산취득가액 적용)

> 환산취득가액 = 양도가액×(취득당시기준시가)/(양도당시기준시가)
>
> 15억원×[3억원(취득당시기준시가)/6억원(양도당시기준시가)] = 7억5천만원

3. 필요경비(필요경비개산공제) : 취득당시 기준시가의 3/100

3억원(취득당시기준시가)×3% = 9,000,000원

4. 환산취득가액 적용시 필요경비는 다음의 ①과 ② 중 큰 금액을 필요경비로 한다.

① 환산취득가액+필요경비개산공제

② 자본적지출액+양도비

5. 고가주택의 양도차익 : 일반양도차익×(양도가액 - 12억원)/양도가액

15억원 - (7억5천만원+9,000,000원) = 741,000,000원

고가주택이므로 741,000,000×(15억원 - 12억원)/15억원 = 148,200,000원이다.

Answer 장기보유특별공제

01 정답 ③

③ 1세대 1주택 요건을 충족한 고가주택도 최대 양도차익의 80% 장기보유특별공제를 적용한다. 다만, 보유기간이 **3년 이상인 경우에만** 장기보유특별공제를 적용하는데 **보유기간이 2년 6개월**이기 때문에 장기보유특별공제를 **적용하지 아니한다**.

📝참고 장기보유특별공제(거주자 비거주자 모두 적용)

> 양도소득 금액 = 양도차익 − 장기보유특별공제

📝참고

1. 보유기간 계산 특례 : 배우자 또는 직계존비속으로부터 증여받은 자산을 10년 이내 양도한 경우에는 증여한 배우자 또는 직계존비속이 해당 자산을 취득한 날부터 기산한다.
2. 조합원 입주권의 경우에는 종전 토지, 건물의 취득일로부터 관리처분계획인가일까지로 한다.
   ① 적용대상 : 등기되고, 3년 이상 보유한 토지(비사업용 토지 포함), 건물, 조합원 입주권(조합원으로부터 취득한 것은 제외)에 적용
   ② 적용 배제 : 미등기, 조정대상지역 내 2주택 이상(단, 2025년 5월 9일까지는 적용) 국외자산 양도

02 정답 ①

① 보유기간이 3년 이상인 **토지 및 건물**(미등기 양도자산 제외)과 **조합원입주권**이 장기보유특별공제 **대상**이기 때문에 토지 및 건물에 한정하여 장기보유특별공제가 적용된다는 틀린 지문이다.

📝참고 장기보유특별공제와 양도소득기본공제 비교

구 분	장기보유특별공제	양도소득기본공제
공제 대상	토지·건물·조합원입주권으로서 보유기간이 3년 이상인 경우에 한하여 적용	보유기간 관계없이 양도소득이 있는 모든 양도자산
성 격	물적공제(거주자·비거주자 모두 적용)	인적공제(거주자, 비거주자 모두 적용)
공제 방법	보유기간에 따라 양도차익에서 자산별로 각각 공제한다.	1. 양도소득금액에서 소득별로 각각 연 250만원 공제한다. ① 토지·건물·부동산에 관한 권리·기타자산의 소득 ② 주식 및 출자지분의 소득 ③ 파생상품 등의 소득 ④ 신탁수익권
공제액	양도차익×공제율 ① 1세대 1주택 : 20%~80% ② 1세대 1주택 이외 : 6%~30%	2. 양도소득금액에서 감면소득금액이 있는 때에는 그 감면소득금액 외의 양도소득금액에서 먼저 공제하고, 감면소득금액 외의 양도소득금액 중에서는 해당 과세기간에 먼저 양도하는 자산의 양도소득금액에서부터 순서대로 공제한다.

적용배제	① 미등기 양도자산 ② 국외자산 ③ 조정대상지역 2주택 이상 (2025.5.9.까지는 적용)	미등기 양도자산
양도소득 결손금	① 양도소득금액은 소득별로 구분하여 계산하고 결손금을 다른 소득금액과는 합산하지 아니한다. ② 양도차손(결손금)은 다음연도로 이월공제할 수 없다.	

Answer 과세표준

01 **정답 ③**

① 양도소득금액을 계산 할 때 부동산을 취득할 수 있는 권리에서 발생한 양도차손은 토지에서 발생한 양도소득금액에서 공제할 수 **있다.**

② 양도차익을 실지거래가액에 의하는 경우 양도가액에서 공제할 취득가액은 그 자산에 대한 감가상각비로서 각 과세기간의 사업소득금액을 계산하는 경우 필요경비에 **산입한 금액**이 있을 때에는 이를 **공제한다.**

④ 1세대 1주택 비과세 요건을 충족하는 고가주택의 양도가액이 15억원이고 양도차익이 5억원인 경우 양도소득세가 과세되는 양도차익은 **1억원**이다.

☑참고 고가주택의 양도차익 : 5억원×3억원/15억원 = 1억원

⑤ 자본적 지출액은 그 지출에 관한 증명서류를 수취·보관**하거나** 실제 지출사실이 금융거래 증명서류에 의하여 확인되는 경우 양도차익 계산시 양도가액에서 공제할 수 있다.

02 **정답 ①**

구 분		실지거래가액	비 고
	양도가액	67,000,000원	
−	취득가액	42,000,000원	
−	기타필요경비	4,000,000원	양도비용 4,000,000원
=	양도차익	21,000,000원	
−	장기보유특별공제	0원	보유기간 3년 미만
=	양도소득금액	21,000,000원	
−	양도소득 기본공제	2,500,000원	
=	과세표준	18,500,000원	

참고 양도소득세 과세표준 계산

양도가액	• 원칙: 실지거래가격, 예외: 추계결정가액
−	
필요경비	• 취득가액, 자본적 지출, 양도비용 또는 필요경비개산공제
↓	
양도차익	
−	
장기보유특별공제	• 3년 이상 보유하고 양도하는 토지, 건물 및 조합원입주권(미등기 자산, 국외자산 제외) 거주자, 비거주자 모두 적용
↓	
양도소득금액	• 결손금은 소득별로 통산한다.
−	
양도소득 기본공제	• 소득별(부동산 등/주식 등/파생상품/신탁수익권)로 각각 연 250만원 (미등기 자산, 조정대상 2주택 이상 제외)/거주자, 비거주자 모두 적용
↓	
양도소득 과세표준	
×	
세율	• 초과누진세율(6~45%)/비례세율 • 주택 입주권: 70%/60%/6~45% • 분양권: 70%/60%
↓	
산출세액	

03 정답 ①

1. 총양도차익 : 양도가액 − 필요경비(취득가액 + 자본적지출액 + 양도비)
 = 25억원 − 19억5천만원 − 5천만원 = 5억원
2. 고가주택의 경우 양도차익의 12억원까지는 비과세하고 12억원 초과분에 대하여 과세한다.
고가주택의 양도차익 : 5억원×[(25억원 − 12억원) / 25억원]
 = 5억원×13억원 / 25억원 = 2억6천만원
3. 양도소득금액 : 고가주택의 양도차익 − 장기보유특별공제(40% : 보유 20%+거주 20%)
 = 2억6천만원 − (2억6천만원×40%) = 1억5천6백만원
4. 과세표준 = 양도소득금액 − 양도소득기본공제
 = 1억5천6백만원 − 2백5십만원 = 1억5천3백5십만원

04 정답 ④

1. 건물의 과세표준
양도차익(15,000,000원) − 장기보유특별공제(보유기간이 3년 미만으로 적용 안함) − 양도소득기본공제(2,500,000원) = 과세표준(12,500,000원)
2. 토지 A는 양도차손 : 20,000,000원
3. 토지 B의 과세표준
양도차익(25,000,000원) − 장기보유특별공제(25,000,000원 × 6% = 1,500,000)
 = 양도소득금액(23,5000,000원) − 결손금통산(결손금 통산은 같은 세율을 적용하는 것부터 통산하기 때문에 누진세율 적용대상인 토지를 통산한다. 토지 A의 양도차손 20,000,000원)
 = 3,500,000원 − 양도소득기본공제(먼저 양도한 자산에서 먼저 공제하기 때문에 건물의 과세표준 산정시 2,500,000원을 공제하였으므로 토지의 경우 기본공제를 적용하지 아니한다)
 ∴ 따라서 토지 B의 과세표준은 3,500,000원이다.

Answer 배우자 직계존비속 간 이월과세

01 정답 ④

① 이월과세를 적용하는 경우 거주자가 배우자로부터 증여받은 자산에 대하여 납부한 증여세는 **필요경비에 산입한다**. 특수관계인의 경우에는 증여세를 환급한다.
② 이월과세를 적용받는 자산의 보유기간은 **증여한 배우자가 그 자산을 취득한** 날을 취득일로 본다.
③ 거주자가 양도일로부터 소급하여 10년 이내에 그 배우자(양도 당시 사망으로 혼인관계가 소멸된 경우 **제외**)로부터 증여받은 토지를 양도할 경우 이월과세를 적용한다.
⑤ 이월과세를 적용하여 계산한 양도소득 결정세액이 이월과세를 적용하지 않고 계산한 양도소득 결정세액보다 적은 경우에 이월과세를 **적용하지 아니한다**.

참고 배우자 직계존비속 간 이월과세 및 부당행위 계산 부인 비교

구 분	이월과세	부당행위 부인 (우회양도)	저가양도 고가양수
증여자와 수증자의 관계	배우자 및 직계존비속	특수관계인	① 특수관계인과의 거래에 있어서 시가를 초과하여 취득(고가양수)하거나 시가에 미달하게양도(저가양도)함으로써 조세부담을 부당하게 감소시킨 것으로 인정되는때에는 그 취득가액과 양도가액을 시가에 의하여 계산한다. ② 조세를 부당하게 감소시킨 경우 ㉠ 시가와 거래가액의 차액이 3억원 이상 ㉡ 차액이 시가의 100분의 5 이상
과세대상	토지, 건물, 특정시설물이용권, 부동산을 취득할 수 있는 권리	양도소득세 과세대상	
수증일로부터 양도일까지 기간	증여 후 10년 이내 양도	증여 후 10년 이내 양도	
납세의무자	수증자(증여받은 배우자 등)	증여자(직접 양도한 것으로 본다)	
증여세 처리	필요경비로 산입	환급	
연대납세의무	없다.	수증자는 연대납세의무가 있다.	
취득가액	증여자의 취득가액	증여자의 취득가액	
보유기간	증여자의 취득시기	증여자의 취득시기	
조세의 부당한 감소여부	이월과세를 적용하여 계산한 양도소득결정세액이 이월과세를 적용하지 아니하고 계산한 양도소득결정세액보다 적은 경우에는 이월과세를 적용하지 아니한다.	조세부담이 부당하게 감소된 경우에만 적용	

02 정답 ⑤
⑤ 乙이 甲의 배우자인 경우에는 건물의 양도소득세에 대해 甲과 乙은 **연대납세의무가 없다.**

03 정답 ③
① 양도차익 계산시 양도가액에서 공제할 취득가액은 **3억원**이다.
② 양도차익 계산시 甲이 지출한 자본적 지출액 5천만원은 양도가액에서 공제할 수 **있다.**
④ 장기보유 특별공제액 계산 및 세율 적용시 보유기간은 甲의 취득일부터 양도일까지의 기간으로 한다.
⑤ 甲과 乙은 양도소득세에 대하여 연대납세의무가 **없다.**

Answer | 증여 후 양도 행위 부인(우회양도)

01 **정답 ①**

① 甲과 乙이 **특수관계인** 경우에는 증여세를 부과하지 아니한다. 따라서 이미 납부한 증여세는 **환급한다.** 다만, 甲과 乙이 **배우자 직계존비속인 경우**에는 납부한 증여세는 양도차익 계산 시 **필요경비에 산입한다.**

02 **정답 ①**

① 만일 甲이 乙에게 토지를 증여한 후, 乙이 이를 그 증여일부터 **10년 이내 양도**하는 경우에만 **甲이 직접 타인에게 양도한 것으로 본다. 12년**이 지나 다시 타인에게 양도한 경우에는 **乙이 그 토지를 직접 타인에게 양도**한 것으로 보아 양도소득세가 과세된다.

④ 甲과 乙이 특수관계인으로 조세를 부당하게 감소시킨 것으로 인정되는 경우에는 양도가액을 시가로 계산한다.

📝참고

1. 시가(8억원)와 거래가액(7억5천만원)의 차액(5천만원)이 3억원 이상 차이가 나거나 시가의 5/100(8억원 × 5% = 4000만원) 이상 차이가 나는 경우 부당하게 조세를 감소시킨 것으로 보아 양도가액을 시가로 계산한다.
2. 차액(5천만원)이 시가의 5/100 이상 차이가 나기 때문에 부당행위로 보아 양도가액을 8억원으로 계산한다.

Answer | 세 율

01 **정답 ③**

① 1년 6개월 보유한 1주택: 100분의 60
② 2년 1개월 보유한 상가건물: 6~45%
④ 6개월 보유한 1주택: 100분의 70
⑤ 1년 8개월 보유한 상가건물: 100분의 40

📝참고 양도소득세 세율

1. 토지 건물 등

구 분		세 율
토지 · 건물 · 부동산에 관한 권리	1년 미만	50%
	1년 이상~2년 미만 보유	40%
	2년 이상 보유	6~45%
	2년 이상 보유(비사업용 토지)	16~55%
	미등기 양도자산	70%
기타자산(보유기간, 등기여부 무관)		6~45%

2. 주택, 조합원 입주권, 분양권

구 분		주택, 조합원입주권	분양권
보유 기간	1년 미만	70%	70%
	1년 이상~2년 미만	60%	60%
	2년 이상	6~45%	

02 정답 ③

③ 보유기간이 1년 미만인 분양권: 100분의 70

☑참고 보유기간이 1년 이상인 분양권: 100분의 60

03 정답 ②

① 보유기간이 6개월인 등기된 상가건물: 100분의 50

③ 보유기간이 1년 6개월인 등기된 상가건물: 100분의 40

④ 보유기간이 1년 10개월인 소득세법에 따른 조합원입주권: 100분의 60

⑤ 보유기간 2년 6개월인 소득세법에 따른 분양권: 100분의 60

Answer | **부과 · 징수**

01 정답 ⑤

① 건물을 신축하고 그 취득일부터 **5년 이내**에 양도하는 경우로서 **감정가액**을 취득가액으로 하는 경우에는 그 **감정가액의 100분의 5**에 해당하는 금액을 양도소득 결정세액에 가산한다.

② 양도소득세는 분납은 가능하지만 **물납은 적용하지 아니한다.**

③ 과세표준 예정신고와 함께 납부하는 때에도 **세액공제는 적용하지 아니한다**

④ 예정신고 · 납부할 세액이 1천 5백만원인 자는 **1천만원을 초과하는 금액**을 납부기한이 지난 후 2개월 이내에 분할납부할 수 있다.

☑참고 **양도소득세 예정신고**(예정신고 · 납부 세액공제 없음)

구 분		예정신고기간
부동산 등	원 칙	양도일이 속하는 달의 말일부터 2개월 이내
	토지거래허가구역에서 허가전에 대금청산	허가일이 속하는 달의 말일부터 2개월 이내
	토지거래계약허가받기 전에 허가구역 지정 해제	해제일이 속하는 달의 말일부터 2개월 이내
	부담부증여의 채무 인수액	양도일이 속하는 달의 말일부터 3개월 이내
주식 및 출자지분		양도일이 속하는 분기의 말일부터 2개월 이내
파생상품		예정신고하지 않음

1. 양도차익이 없거나 양도차손이 발생한 경우에도 예정신고를 하여야 한다.
2. 과세표준이 없거나 결손금액이 있는 경우에도 확정신고를 하여야 한다.
3. 예정신고를 한 자는 확정신고를 하지 아니할 수 있다.
4. 예정신고와 관련하여 가산세가 부과된 경우 확정신고와 관련하여 가산세를 이중으로 부과하지 아니한다.
5. 예정신고를 하지 않은 경우 확정신고를 하면 가산세 50%를 감면한다.

☑참고 | 확정신고
1. 양도일이 속하는 연도의 다음연도 5월 1일~5월 31일
2. 예정신고한 자는 확정신고를 하지 아니할 수 있다. 다만, 해당 과세기간에 누진세율 적용대상 자산에 대한 예정신고를 2회 이상 한 자가 이미 신고한 양도소득금액과 합산하여 신고하지 아니한 경우 확정신고를 하여야 한다.

02 정답 ②
① 과세기간별로 이미 납부한 확정신고세액이 관할세무서장이 결정한 양도소득 총결정세액을 초과한 경우 초과한 세액은 환급하거나 다른 국세 및 강제징수비에 **충당하여야 한다.**
③ 양도소득세 과세대상 건물을 양도한 거주자는 부담부증여의 채무액을 양도로 보는 경우 **양도일이 속한 달의 말일부터 3개월 이내** 예정신고 하여야 한다.
④ 양도소득세 신고·납부한 조세로 납세의무자가 **신고하는 때 납세의무가 확정된다.**
⑤ 이미 납부한 확정신고세액이 관할세무서장이 결정한 양도소득 총결정세액을 초과할 때에는 해당 결정일부터 **30일 이내에 환급해야 한다.**

03 정답 ④
① 2025.3.15.에 양도한 경우, 예정신고기한은 양도일이 속한 달의 말일부터 2개월이 되는 **2025.5.31.이다.**
② 예정신고시 예정신고·납부세액공제(산출세액의 10%)는 폐지되었다.
③ 예정신고 관련 무신고 가산세가 부과되는 경우, 그 부분에 대하여 확정신고와 관련한 무신고가산세가 **다시 부과되지 아니한다**(이중과세 방지).
⑤ 확정신고 기간은 양도일이 속한 연도의 **다음 연도 5월 1일부터 5월 31일까지이다.**

04 정답 ②
② 예정신고를 하지 않은 경우 확정신고를 한 경우에도 가산세를 부과한다. 다만 예정신고에 대한 가산세 **100분의 50을 경감한다.**

05 정답 ②
① 2025년 3월 21일에 주택을 양도하고 잔금을 청산한 경우 **2025년 5월 31일에** 예정신고를 하여야 한다.
③ 예정신고·납부시 납부할 세액이 **1천만원을 초과하는 경우 분납할 수 있다.** 따라서 납부세액이 **2,000만원인 경우 분할·납부할 수 있다.**
④ 양도차익이 없거나 양도차손이 발생한 경우에도 **예정신고를 하여야 한다.**
⑤ 예정신고하지 않은 거주자가 해당 과세기간의 과세표준이 없는 경우에도 **확정신고를 하여야 한다.**

06 정답 ⑤

① 토지 또는 건물을 양도한 경우에는 그 **양도일이 속하는 달의 말일**부터 2개월 이내에 양도소득과세표준을 신고해야 한다.

② 양도차익이 없거나 양도차손이 발생한 경우에도 신고를 하여야 한다.

③ 건물을 신축하고 그 신축한 건물의 취득일로부터 5년 이내에 해당 건물을 양도하는 경우로서 취득 당시의 실지거래가액을 확인할 수 없어 **환산취득가액**을 그 취득가액으로 하는 경우에는 **환산취득가액**의 100분의 5에 해당하는 금액을 양도소득 결정세액에 더 한다.

④ 양도소득과세표준 예정신고시에는 납부할 세액이 **1천만원을 초과하는 경우** 그 납부할 세액의 일부를 **분할 납부할 수 있다.**

07 정답 ②

② 예정신고·납부를 하는 경우 예정신고 산출세액에서 감면세액을 빼고 수시부과세액이 있을 때에는 이를 **공제한 세액을 납부한다.**

Answer | **양도소득세 종합문제**

01 정답 ③

③ 甲과 乙이 고가주택이 아닌 공동소유 1주택(甲 지분율 40%, 乙 지분율 60%)을 임대하는 경우, 주택임대소득의 비과세 여부를 판정할 때 **지분이 큰 자**(乙)가 주택을 소유한 것으로 본다.

① 임대한 과세기간의 종료일 현재 기준시가가 15억원인 1주택은 고가주택으로 비과세를 하지 아니하고 과세가 된다.

⑤ 공부상 용도와 사실상 용도가 서로 다른 경우에는 사실상 용도에 따라 과세하기 때문에 주택으로 보지 아니한다.

02 정답 ④

④ 양도차익은 **양도가액**에서 필요경비를 공제하여 계산한다.

03 정답 ④

④ 양도소득세는 분납은 가능하지만 **물납은 할 수 없다.**

04 정답 ④

④ 2025년에 양도한 토지에서 발생한 양도차손은 **동일 연도**에 양도하는 토지의 양도소득금액에서 공제받을 수 있다.

05 정답 ①

② 비거주자는 **국내 토지**를 양도한 경우 양도소득세 **납부의무가 있고 국외 토지** 양도의 경우 **납세의무가 없다.**

③ 거주자가 국내 상가건물을 양도한 경우 거주자의 주소지와 상가건물의 소재지가 다르다면 양도소득세 납세지는 **거주자의 주소지이다.**

④ 비거주자가 국내 주택을 양도한 경우 양도소득세 납세지는 국내사업장 소재지 사업장이 없는 경우 원천소득이 발생한 장소이다.

⑤ 거주자가 국외 주택을 양도한 경우 양도소득기본공제는 적용되지만 **장기보유특별공제가 적용되지 아니한다.**

06 정답 ⑤

⑤ **취득가액**이 실거래가액이 확인되지 않는 경우 **매**매사례가액 – **감**정가액 – **환**산취득가액 – **기**준시가 순서로 추계조사 결정·경정을 하고 **양도가액이** 실지거래가액이 인정되지 않는 경우에는 **매**매사례가액 – **감**정가액 – **기**준시가 순서로 추계조사 결정·경정할 수 있다.

07 정답 ⑤

⑤ 특수관계인 간 시가와 거래가액의 차액이 시가의 100분의 5 이상이거나 3억원 이상인 경우 조세의 부담을 부당히 감소시킨 것으로 보아 양도가액을 시가에 의해 계산한다.

① 부동산에 관한 권리의 양도로 발생한 양도차손은 토지의 양도에서 발생한 양도소득금액에서 **공제할 수 있다.**

② 양도일부터 소급하여 10년 이내에 그 배우자로부터 증여받은 토지의 양도차익을 계산할 때 그 증여받은 토지에 대하여 납부한 증여세는 양도가액에서 공제할 **필요경비에 산입한다.**

③ 취득원가에 현재가치할인차금이 포함된 양도자산의 보유기간 중 사업소득금액 계산시 **필요경비로 산입한** 현재가치할인차금상각액은 양도차익을 계산할 때 양도가액에서 공제할 **필요경비로 보지 아니한다.**

④ **특수관계인**에게 증여한 자산에 대해 증여자인 거주자에게 양도소득세가 과세되는 경우 수증자가 부담한 **증여세 상당액은 환급한다.** 배우자 직계존비속의 경우에 필요경비에 산입한다.

08 정답 ⑤

⑤ 양도소득세의 예정신고만으로 甲의 양도소득세 납세의무가 **확정된다.**

② 공부상 소유자인 乙이 과세기준일로부터 15일 이내 소유권 변동 신고를 해야 한다. 이 경우 신고하면 사실상 소유자인 甲이 재산세 납세의무자이고 신고를 하지 아니하면 공부상 소유자인 乙이 재산세 납세의무자가 된다.

④ 부동산을 40만원에 취득한 경우 취득세 **면세점**에 해당하기 때문에 취득세가 아니라 등록면허세 납세의무가 있다.

📝참고

등록이란 재산권 기타 권리의 설정·변경·소멸에 관한 사항을 공부에 등기하거나 등록하는 경우를 말한다. 다만, 취득을 원인으로 이루어지는 등기 또는 등록은 제외하되, 다음의 어느 하나에 해당하는 등기나 등록을 포함한다.

① 광업권 및 어업권, 양식업권의 취득에 따른 등록
② 외국인 소유의 취득세 과세물건(차량, 기계장비, 선박, 항공기만 해당)의 연부취득에 따른 등기 또는 등록
③ 취득세 부과제척기간이 경과한 후 해당 물건에 대한 등기 또는 등록
④ 취득세 면세점에 해당하는 물건의 등기 또는 등록

09 정답 ④

① 부담부증여의 경우 양도일이 속한 달의 말일부터 **3개월** 이내 신고하여야 한다.

② 매매계약서 거래가액과 실지거래가액의 차액 중 **적은** 금액을 뺀다.

③ **근무상 형편으로 1년 이상 거주**한 주택을 양도하고 다른 시·군으로 주거를 이전하는 경우 비과세된다.

⑤ **일반주택**을 먼저 양도하는 경우 1세대 1주택 비과세 규정을 적용한다.

Answer | **미등기 양도자산**

01 정답 ⑤

1. 미등기 양도자산에 대한 불이익

① 양도소득세 비과세, 감면규정을 적용받지 못한다.
② 장기보유특별공제, 양도소득기본공제 배제
③ 70% 세율 적용
④ 필요경비개산공제(0.3%) 적용

2. 미등기 양도자산에서 제외되는 자산

① **장기할부조건**으로 취득한 자산으로서 그 계약조건에 의하여 양도 당시 그 자산의 취득에 관한 등기가 불가능한 자산
② **법률의 규정** 또는 **법원의 결정**에 의하여 양도 당시 그 자산의 취득에 관한 등기가 불가능한 자산
③ **농지의 교환** 또는 분합으로 발생하는 비과세 양도소득, **자경농지**에 대한 양도소득세의 감면 및 **농지 대토**에 대한 양도소득세 감면에 규정하는 토지
④ **비과세요건을 충족한 1세대 1주택** 등으로서 「건축법」에 따른 건축허가를 받지 아니하여 등기가 불가능한 자산
⑤ 「**도시개발법**」에 따른 도시개발사업이 종료되지 아니하여 토지 취득등기를 하지 아니하고 양도하는 토지
⑥ 건설업자가 「**도시개발법**」에 따라 공사용역 대가로 취득한 체비지를 토지구획환지처분공고 전에 양도하는 토지

02 정답 ②

ⓒ 미등기 양도의 경우에도 필요경비개산공제(3/1,000)는 적용한다.

Answer 농지의 교환 분합

01 정답 ④

☙ 농지교환 분합으로 인한 비과세

구 분	내 용
금액요건	쌍방토지가액의 차액이 가액이 큰편의 1/4 이하
사 유	① 국가 등이 시행하는 사업으로 교환 ② 국가 등이 소유하는 토지와 교환 ③ 농어촌정비법 농지법 등에 의하여 교환 ④ 경작상 필요에 의한 교환. 단, 3년 이상 거주 경작
경작기간특례	① 3년 이내 수용되는 경우 ② 3년 이내 사망한 경우(상속인과 피상속인 경작기간 합산)

02 정답 ⑤

⑤ 국가가 소유하는 토지와 분합하는 농지로서 분합하는 쌍방 토지가액의 차액이 가액이 큰 편의 4분의 1 **이하**인 경우 분합으로 발생하는 소득은 비과세한다.

Answer 1주택 특례

01 정답 ⑤

☙ 1세대 1주택 특례

구 분	내 용
일시적 2주택	주택취득 후 1년 이상 지난 후 신규주택 취득하고 신 주택 취득 후 3년 이내 종전 주택을 양도
동거봉양	합친날로부터 10년 이내 먼저 양도하는 주택
혼 인	혼인한날로부터 10년 이내 먼저 양도하는 주택
상 속	일반주택을 양도하는 경우
농어촌주택	농어촌주택 취득 후 5년 이내 종전 주택 양도
수도권 밖 주택	수도권 밖의 주택을 실수요목적으로 취득한 경우 새로운 주택 취득 후 종전주택 3년 이내 양도

Answer 　보유기간 특례

01 정답 ④

④ 「건축법 시행령」 별표 1 제1호 다목에 해당하는 다가구주택은 해당 다가구주택을 구획된 부분별로 양도하지 아니하고 하나의 매매단위로 하여 양도하는 경우 그 구획된 부분을 **전체를 하나의 주택으로 본다.**

참고 보유기간

보유 기간	원칙	2년 이상 보유(조정대상지역은 2년 이상 거주)
	예외	① 건설임대주택을 임차일로부터 양도일까지 5년 이상 거주
		② 공공사업으로 수용(5년 이내 양도하는 잔존주택 포함)
		③ 해외이주 및 1년 이상 국외거주(출국일로부터 2년 이내 양도하는 경우)
		④ 1년 이상 거주한 주택을 취학, 질병치료, 근무상형편, 학교폭력 등으로 타 시·군으로 이주를 위한 양도

02 정답 ②

① 취학상 형편(**유, 초, 중은 제외**)으로 1년 이상 거주한 주택을 양도하고 다른 시·군으로 주거를 이전한 경우 비과세한다.

③ **1년 이상 거주한 경우로서** 질병 요양 등으로 양도하고 다른 시·군으로 이사한 경우 비과세 한다.

④ 해외이주로 출국 후 **2년 이내** 국내소재 주택을 양도한 경우 비과세한다.

⑤ 1년 거주한 주택을 근무상 형편으로 양도하고 **다른 시·군으로** 주거를 이전한 경우 비과세한다.

03 정답 ②

① 국내에 1주택만을 보유하고 있는 1세대가 해외 이주로 세대전원이 출국하는 경우 출국일로부터 **2년 이내** 해당 주택을 양도하면 비과세된다.

③ 직장의 변경으로 세대 전원이 다른 시로 주거를 이전하는 경우 **1년 이상 거주**한 1주택을 양도하면 비과세된다.

④ 양도 당시 실지거래가액이 15억원인 1세대 1주택의 양도로 발생하는 양도차익의 경우 **12억원까지 비과세하고 12억원이 초과되는 양도차익은 과세한다.**

⑤ 농지를 교환할 때 쌍방 토지가액의 차액이 가액이 큰 편의 **4분의 1인** 경우 소득은 비과세된다.

04 정답 ③

③ 주거부분이 주거 이외부분보다 적기 때문에 주거부분만 주택으로 보아 비과세한다.

1. 건 물

① 주택: 80m²(비과세), ② 상가: 120m²(과세)

2. 토 지

① 주택의 부속토지: 800m²×80/200 = 320m²[녹지지역에 있으므로 주택 정착면적(80m²)의 5배까지를 부속토지로 보기 때문에 320m² 모두 비과세를 적용한다]

② 상가의 부속토지: 800m²×120/200 = 480m²(과세)

∴ 과세되는 면적 건물: 120m², 토지: 480m²이다.

05 정답 ③

③ 근무상 형편으로 다른 시·군으로 이사를 하는 경우 **거주기간이 1년 이상**인 경우에 보유기간과 무관하게 비과세한다.

06 정답 ②

② "고가주택"이란 **실지거래가액이** 12억원을 초과하는 주택을 말한다. 부동산임대소득의 경우 고가주택은 **기준시가** 12억원을 초과하는 주택을 말한다.

07 정답 ④

1. 계약서상 금액과 실거래가액의 차액 : 3억5천만원 − 3억원 = 5천만원

2. 비과세를 적용하지 않은 경우 양도소득세 산출세액 : 3천만원

1.과 2. 둘 중 적은 금액인 3천만원을 비과세 받을 세액에서 빼준다.

부동산 및 부동산에 관한 권리를 매매하는 거래 당사자가 매매계약서상의 거래가액을 실지거래가액과 다르게 적은 경우에는 해당 자산에 대하여 양도소득세 비과세 또는 감면에 관한 규정을 적용할 때 비과세 또는 감면 받았거나 받을 세액에서 다음의 구분에 따른 금액을 뺀다.

① 양도소득세 비과세에 관한 규정을 적용받을 경우, 비과세에 관한 규정을 적용하지 아니하였을 경우의 양도소득 산출세액과 매매계약서상의 거래가액과의 차액 중 적은 금액

② 양도소득세의 감면에 관한 규정을 적용받았거나 받을 경우, 감면에 관한 규정을 적용받았거나 받을 경우의 해당 감면세액과 매매계약서의 거래가액과 실지거래가액과의 차액 중 적은 금액

Answer | **국외자산양도**

01 정답 ①

① 甲의 국외주택에 대한 양도차익은 **필요경비개산공제는 적용하지 아니한다.**

📝참고 | **국외자산 양도**

1. 양도차익의 외화환산의 규정에 의하여 양도차익을 계산함에 있어서는 양도가액 및 필요경비를 **수령하거나 지출한 날** 현재 외국환거래법에 의한 기준환율 또는 재정환율에 의하여 계산한다.

2. 국외자산에 대해 외국에서 과세하는 경우 다음 둘 중 하나를 선택하여 적용 받을 수 있다.
   ① 양도소득 산출세액에서 공제하는 방법
   ② 필요경비에 산입하는 방법

3. 양도당시 실지거래가액이 확인되지 않는 경우
   양도자산이 소재하는 국가의 양도 당시의 현황을 반영한 시가에 의한다.
4. 甲이 국외에서 외화를 차입하여 토지를 취득한 경우 환율변동으로 인하여 외화차입금으로부터 발생한 환차익은 양도소득의 범위에서 제외한다

구 분	국내자산양도	국외자산양도
거주자	국내에 주소 또는 1과세기간 중 183일 이상 거소를 둔 자	양도일 현재 계속하여 국내에 5년 이상 주소 또는 거소를 둔 자
미등기	중과세(70%)	중과세 없음
장기보유특별공제	적용	적용 안함
기본공제	적용	적용
세 율	① 미등기 부동산 : 70% ② 토지 건물 부동산에 관한 권리 : 보유기간에 따라 차등적용	① 미등기 세율 적용 없다. ② 토지 건물 부동산에 관한 권리 : 누진세율
분납과 물납	분납은 가능하나 물납은 적용 안함	분납 가능하나 물납은 적용 안함

02 정답 ①

① 양도소득세 비과세는 양도일 현재 **국내에 1주택을 말한다**. 따라서 甲이 국내 주택을 먼저 양도하는 경우 1세대 1주택으로 본다.

03 정답 ④

④ 국외 자산 양도시 장기보유특별공제는 **적용하지 아니한다**.

04 정답 ①

② 국외자산 양도시 양도소득세의 납세의무자는 국외자산의 양도일까지 계속하여 **5년 이상** 국내에 주소를 둔 거주자이다.
③ 국외 토지에 미등기 중과세를 적용하지 아니한다.
④ 장기보유특별공제는 국외자산의 경우 적용하지 아니한다.
⑤ 국외자산의 양도가액은 **실지거래가액에 의하는 것이 원칙이다. 양도당시 실지거래가액을 확인할 수 없는 경우에는 양도자산이 소재하는 국가의 양도 당시 현황을 반영한 시가에 따른다.**

05 정답 ③

③ 기준시가는 국내 자산의 경우에만 적용한다.

06 정답 ③

③ 양도 당시의 실지거래가액이 확인되는 경우 실지거래가액을 먼저 적용한다.

07 정답 ②

② **국외 부동산**을 양도하여 발생한 양도차손과 **국내 부동산**을 양도하여 발생한 양도소득금액에서 **통산할 수 없다.**

부 록

제35회 기출문제

01 국세기본법령 및 지방세기본법령상 조세채권과 일반채권의 우선관계에 관한 설명으로 틀린 것은? (단, 납세의무자의 신고는 적법한 것으로 가정함)

① 취득세의 법정기일은 과세표준과 세액을 신고한 경우 그 신고일이다.

② 토지를 양도한 거주자가 양도소득세 과세표준과 세액을 예정신고한 경우 양도소득세의 법정기일은 그 예정 신고일이다.

③ 법정기일 전에 전세권이 설정된 사실은 양도소득세의 경우 부동산등기부 등본 또는 공증인의 증명으로 증명한다.

④ 주택의 직전 소유자가 국세의 체납 없이 전세권이 설정된 주택을 양도하였으나, 양도 후 현재 소유자의 소득세가 체납되어 해당 주택의 매각으로 그 매각금액에서 소득세를 강제징수하는 경우 그 소득세는 해당 주택의 전세권담보채권에 우선한다.

⑤ 「주택임대차보호법」 제8조가 적용되는 임대차관계에 있는 주택을 매각하여 그 매각금액에서 지방세를 강제징수하는 경우에는 임대차에 관한 보증금 중 일정액으로서 같은 법에 따라 임차인이 우선하여 변제받을 수 있는 금액에 관한 채권이 지방세에 우선한다.

정답 ④

해설

④ 소득세는 그 재산에 부과된 조세(재산세, 종합부동산세, 지방교육세, 소방분지역자원시설세 등)가 아니기 때문에 소득세를 강제징수하는 경우 전세권 설정된 주택을 양도한 경우에도 전세권 설정당시 체납된 조세가 없었기 때문에 양도 후 현재 소유자가 소득세를 체납하였어도 전세권 설정이 먼저 되었기 때문에 소득세는 전세권에 우선하지 못한다.

02 국세기본법령 및 지방세기본법령상 국세 또는 지방세 징수권의 소멸시효에 관한 설명으로 옳은 것은?

① 가산세를 제외한 국세가 10억원인 경우 국세징수권은 5년 동안 행사하지 아니하면 소멸시효가 완성된다.

② 가산세를 제외한 지방세가 1억원인 경우 지방세징수권은 7년 동안 행사하지 아니하면 소멸시효가 완성된다.

③ 가산세를 제외한 지방세가 5천만원인 경우 지방세징수권은 5년 동안 행사하지 아니하면 소멸시효가 완성된다.

④ 납세의무자가 양도소득세를 확정신고하였으나 정부가 경정하는 경우, 국세징수권을 행사할 수 있는 때는 납세의무자가 확정신고한 법정 신고납부기한의 다음 날이다.

⑤ 납세의무자가 취득세를 신고하였으나 지방자치단체의 장이 경정하는 경우, 납세고지한 세액에 대한 지방세징수권을 행사할 수 있는 때는 그 납세고지서에 따른 납부기한의 다음 날이다.

정답 ⑤

해설

① 가산세를 제외한 국세가 **10억원**인 경우 국세징수권은 10년 동안 행사하지 아니하면 소멸시효가 완성된다(체납금액이 5억원 이상이면 10년).

② 가산세를 제외한 지방세가 **1억원**인 경우 지방세징수권은 10년 동안 행사하지 아니하면 소멸시효가 완성된다(체납금액이 5천만원 이상이면 10년).

③ 가산세를 제외한 지방세가 **5천만원**인 경우 지방세징수권은 10년 동안 행사하지 아니하면 소멸시효가 완성된다.

④ 과세표준과 세액을 정부가 **결정, 경정 또는 수시부과**결정하는 경우 납부고지한 세액에 대해서는 그 **고지에 따른 납부기한의 다음 날**이다.

03 종합부동산세법령상 주택에 대한 과세에 관한 설명으로 옳은 것은?

① 「신탁법」 제2조에 따른 수탁자의 명의로 등기된 신탁주택의 경우에는 수탁자가 종합부동산세를 납부할 의무가 있으며, 이 경우 수탁자가 신탁주택을 소유한 것으로 본다.

② 법인이 2주택을 소유한 경우 종합부동산세의 세율은 1천분의 50을 적용한다.

③ 거주자 甲이 2024년부터 보유한 3주택(주택 수 계산에서 제외되는 주택은 없음) 중 2주택을 2025.6.17.에 양도하고 동시에 소유권이전등기를 한 경우, 甲의 2025년도 주택분 종합부동산세액은 3주택 이상을 소유한 경우의 세율을 적용하여 계산한다.

④ 신탁주택의 수탁자가 종합부동산세를 체납한 경우 그 수탁자의 다른 재산에 대하여 강제징수하여도 징수할 금액에 미치지 못할 때에는 해당 주택의 위탁자가 종합부동산세를 납부할 의무가 있다.

⑤ 공동명의 1주택자인 경우 주택에 대한 종합부동산세의 과세표준은 주택의 시가를 합산한 금액에서 11억원을 공제한 금액에 100분의 50을 한도로 공정시장가액비율을 곱한 금액으로 한다.

정답 ③

해설

① 「신탁법」제2조에 따른 **수탁자**의 명의로 등기된 신탁주택의 경우에는 **위탁자**가 종합부동산세를 납부할 의무가 있으며, 이 경우 **위탁자**가 신탁주택을 소유한 것으로 본다.
② 법인(공익법인 등은 제외)이 2주택을 소유한 경우 종합부동산세의 세율은 **1천분의 27**을 적용한다.
④ 신탁주택의 **위탁자**가 종합부동산세를 체납한 경우 그 위탁자의 다른 재산에 대하여 강제징수하여도 징수할 금액에 미치지 못할 때에는 해당 주택의 **수탁자**가 종합부동산세를 납부할 의무가 있다.
⑤ **공동명의 1주택자**인 경우 주택에 대한 종합부동산세의 과세표준은 주택의 공시가격을 합산한 금액에서 **9억원을 공제**한 금액에 100분의 60을 한도로 공정시장가액비율을 곱한 금액으로 한다.

04 종합부동산세법령상 토지에 대한 과세에 관한 설명으로 옳은 것은?

① 토지분 재산세의 납세의무자로서 종합합산과세대상 토지의 공시가격을 합한 금액이 5억원인 자는 종합부동산세를 납부할 의무가 있다.
② 토지분 재산세의 납세의무자로서 별도합산과세대상 토지의 공시가격을 합한 금액이 80억원인 자는 종합부동산세를 납부할 의무가 있다.
③ 토지에 대한 종합부동산세는 종합합산과세대상, 별도합산과세대상 그리고 분리과세대상으로 구분하여 과세한다.
④ 종합합산과세대상인 토지에 대한 종합부동산세의 과세표준은 해당 토지의 공시가격을 합산한 금액에서 5억원을 공제한 금액에 100분의 50을 한도로 공정시장가액비율을 곱한 금액으로 한다.
⑤ 별도합산과세대상인 토지의 과세표준 금액에 대하여 해당 과세대상 토지의 토지분 재산세로 부과된 세액(「지방세법」에 따라 가감조정된 세율이 적용된 경우에는 그 세율이 적용된 세액, 같은 법에 따라 세부담 상한을 적용받은 경우에는 그 상한을 적용받은 세액을 말한다)은 토지분 별도합산세액에서 이를 공제한다.

정답 ⑤

해설

① 토지분 재산세의 납세의무자로서 종합합산과세대상 토지의 공시가격을 합한 금액이 **5억원을 초과하는 자**가 종합부동산세를 납부할 의무가 있다.
② 토지분 재산세의 납세의무자로서 별도합산과세대상 토지의 공시가격을 합한 금액이 **80억원을 초과하는 자**가 종합부동산세를 납부할 의무가 있다.
③ 토지에 대한 종합부동산세는 분리과세는 종합부동산세 대상이 아니다.
④ 종합합산과세대상인 토지에 대한 종합부동산세의 과세표준은 해당 토지의 공시가격을 합산한 금액에서 5억원을 공제한 금액에 **100분의 100**을 한도로 공정시장가액비율을 곱한 금액으로 한다.

05 지방세법령상 취득세의 취득당시가액에 관한 설명으로 옳은 것은? (단, 주어진 조건 외에는 고려하지 않음)

① 건축물을 교환으로 취득하는 경우에는 교환으로 이전받는 건축물의 시가표준액과 이전하는 건축물의 시가표준액 중 낮은 가액을 취득당시가액으로 한다.
② 상속에 따른 건축물 무상취득의 경우에는 「지방세법」 제4조에 따른 시가표준액을 취득당시가액으로 한다.
③ 대물변제에 따른 건축물 취득의 경우에는 대물변제액(대물변제액 외에 추가로 지급한 금액이 있는 경우에는 그 금액을 제외한다)을 취득당시가액으로 한다.
④ 법인이 아닌 자가 건축물을 건축하여 취득하는 경우로서 사실상취득가격을 확인할 수 없는 경우에는 시가인정액을 취득당시가액으로 한다.
⑤ 법인이 아닌 자가 건축물을 매매로 승계취득하는 경우에는 그 건축물을 취득하기 위하여 「공인중개사법」에 따른 공인중개사에게 지급한 중개보수를 취득당시가액에 포함한다.

정답 ②

해설
① 건축물을 교환으로 취득하는 경우에는 교환으로 이전받는 건축물의 시가표준액과 이전하는 건축물의 시가표준액 중 **높은** 가액을 취득당시가액으로 한다.
③ 대물변제에 따른 건축물 취득의 경우에는 대물변제액(대물변제액 외에 추가로 지급한 금액이 있는 경우에는 그 금액을 **포함한다**)을 취득당시가액으로 한다.
④ 법인이 아닌 자가 건축물을 건축하여 취득하는 경우로서 사실상 취득가격을 확인할 수 없는 경우에는 **시가표준액**을 취득당시가액으로 한다.
⑤ **법인이 아닌 자**가 건축물을 매매로 승계취득하는 경우에는 그 건축물을 취득하기 위하여 「공인중개사법」에 따른 공인중개사에게 지급한 중개보수를 취득당시가액에 포함하지 아니한다.

06 지방세법령상 취득세에 관한 설명으로 틀린 것은? (단, 지방세특례제한법령은 고려하지 않음)

① 대한민국 정부기관의 취득에 대하여 과세하는 외국정부의 취득에 대해서는 취득세를 부과한다.
② 토지의 지목을 사실상 변경함으로써 그 가액이 증가한 경우에는 취득으로 본다.
③ 국가에 귀속의 반대급부로 영리법인이 국가 소유의 부동산을 무상으로 양여받는 경우에는 취득세를 부과하지 아니한다.
④ 영리법인이 취득한 임시흥행장의 존속기간이 1년을 초과하는 경우에는 취득세를 부과한다.
⑤ 신탁(「신탁법」에 따른 신탁으로서 신탁등기가 병행되는 것만 해당한다)으로 인한 신탁재산의 취득 중 주택조합 등과 조합원 간의 부동산 취득에 대해서는 취득세를 부과한다.

정답 ③

해설

③ 국가에 귀속의 **반대급부로** 영리법인이 국가 소유의 부동산을 **무상으로 양여받는 경우**에는 취득세를 부과한다.

07 **지방세법령상 부동산 취득에 대한 취득세의 표준세율로 옳은 것을 모두 고른 것은?** (단, 조례에 의한 세율조정, 지방세관계법령상 특례 및 감면은 고려하지 않음)

> ㉠ 상속으로 인한 농지의 취득: 1천분의 23
> ㉡ 법인의 합병으로 인한 농지 외의 토지 취득: 1천분의 40
> ㉢ 공유물의 분할로 인한 취득: 1천분의 17
> ㉣ 매매로 인한 농지 외의 토지 취득: 1천분의 19

① ㉠, ㉡   ② ㉡, ㉢   ③ ㉢, ㉣
④ ㉠, ㉡, ㉢   ⑤ ㉡, ㉢, ㉣

정답 ①

해설

㉢ 공유물의 분할로 인한 취득: 1천분의 23
㉣ 매매로 인한 **농지 외의** 토지 취득: 1천분의 40

08 **소득세법령상 거주자의 부동산과 관련된 사업소득에 관한 설명으로 옳은 것은?**

① 해당 과세기간의 종합소득금액이 있는 거주자(종합소득과세표준이 없거나 결손금이 있는 거주자를 포함한다)는 그 종합소득 과세표준을 그 과세기간의 다음 연도 5월 1일부터 5월 31일까지 대통령령으로 정하는 바에 따라 납세지 관할 세무서장에게 신고하여야 하며, 해당 과세기간에 분리과세 주택임대소득이 있는 경우에도 이를 적용한다.

② 공장재단을 대여하는 사업은 부동산임대업에 해당하지 않는다.

③ 해당 과세기간의 주거용 건물 임대업을 제외한 부동산임대업에서 발생한 결손금은 그 과세기간의 종합소득과세표준을 계산할 때 공제한다.

④ 「공익사업을 위한 토지 등의 취득 및 보상에 관한 법률」 제4조에 따른 공익사업과 관련하여 지역권을 설정함으로써 발생하는 소득은 부동산업에서 발생하는 소득에 해당한다.

⑤ 사업소득에 부동산임대업에서 발생한 소득이 포함되어 있는 사업자는 그 소득별로 구분하지 않고 회계처리하여야 한다.

정답 ①

해설

② 공장재단을 대여하는 사업은 부동산임대업에 해당한다.

③ 해당 과세기간의 **주거용 건물 임대업을 제외한** 부동산임대업에서 발생한 결손금은 그 과세기간의 종합소득과세표준을 계산할 때 공제하지 아니한다.

④ 「공익사업을 위한 토지 등의 취득 및 보상에 관한 법률」 제4조에 따른 **공익사업과 관련하여** 지역권을 설정함으로써 발생하는 소득은 부동산업에서 발생하는 소득에 해당하지 아니한다.

⑤ 사업소득에 부동산임대업에서 발생한 소득이 포함되어 있는 사업자는 그 소득별로 **구분하여** 회계처리하여야 한다.

09 지방세법령상 재산세 과세기준일 현재 납세의무자로 틀린 것은?

① 공부상에 개인 등의 명의로 등재되어 있는 사실상의 종중재산으로서 종중소유임을 신고하지 아니하였을 경우: 종중

② 상속이 개시된 재산으로서 상속등기가 이행되지 아니하고 사실상의 소유자를 신고하지 아니하였을 경우: 행정안전부령으로 정하는 주된 상속자

③ 「도시 및 주거환경정비법」에 따른 정비사업(재개발사업만 해당한다)의 시행에 따른 환지계획에서 일정한 토지를 환지로 정하지 아니하고 체비지로 정한 경우: 사업시행자

④ 「채무자 회생 및 파산에 관한 법률」에 따른 파산선고 이후 파산종결의 결정까지 파산재단에 속하는 재산의 경우: 공부상 소유자

⑤ 지방자치단체와 재산세 과세대상 재산을 연부(年賦)로 매매계약을 체결하고 그 재산의 사용권을 무상으로 받은 경우: 그 매수계약자

정답 ①

해설

① 공부상에 개인 등의 명의로 등재되어 있는 사실상의 종중재산으로서 종중소유임을 신고하지 아니하였을 경우: 공부상소유자

10 지방세법령상 재산세의 물납에 관한 설명으로 옳은 것을 모두 고른 것은?

> ㉠ 지방자치단체의 장은 재산세의 납부세액이 1천만원을 초과하는 경우에는 납세 의무
> 자의 신청을 받아 해당 지방자치단체의 관할구역에 있는 부동산에 대하여만 대통령
> 령으로 정하는 바에 따라 물납을 허가할 수 있다.
> ㉡ 시장·군수·구청장은 법령에 따라 불허가 통지를 받은 납세의무자가 그 통지를 받은
> 날부터 10일 이내에 해당 시·군·구의 관할구역에 있는 부동산으로서 관리·처분이
> 가능한 다른 부동산으로 변경 신청하는 경우에는 변경하여 허가할 수 있다.
> ㉢ 물납을 허가하는 부동산의 가액은 물납 허가일 현재의 시가로 한다.

① ㉠   ② ㉢   ③ ㉠, ㉡
④ ㉡, ㉢   ⑤ ㉠, ㉡, ㉢

정답 ③

해설

㉢ 물납을 허가하는 부동산의 가액은 **과세기준일** 현재의 시가로 한다.

11 지방세법령상 재산세에 관한 설명으로 옳은 것은? (단, 주어진 조건 외에는 고려하지 않음)

① 특별시 지역에서 「국토의 계획 및 이용에 관한 법률」에 따라 지정된 주거지역의 대통
령령으로 정하는 공장용 건축물의 표준세율은 초과누진세율이다.

② 수탁자 명의로 등기·등록된 신탁재산의 수탁자는 과세기준일부터 15일 이내에 그 소
재지를 관할하는 지방자치단체의 장에게 그 사실을 알 수 있는 증거자료를 갖추어 신
고하여야 한다.

③ 주택의 토지와 건물 소유자가 다를 경우 해당 주택에 대한 세율을 적용할 때 해당 주
택의 토지와 건물의 가액을 소유자별로 구분계산한 과세표준에 세율을 적용한다.

④ 주택의 재산세로서 해당 연도에 부과할 세액이 20만원 이하인 경우에는 납기를 9월
16일부터 9월 30일까지로 하여 한꺼번에 부과·징수할 수 있다.

⑤ 지방자치단체의 장은 과세대상의 누락으로 이미 부과한 재산세액을 변경하여야 할 사
유가 발생하여도 수시로 부과·징수할 수 없다.

정답 ②

해설

① 특별시 지역에서 「국토의 계획 및 이용에 관한 법률」에 따라 지정된 주거지역의 대통령령으로 정하
는 공장용 **건축물**의 표준세율은 5/1,000의 **비례세율**이다.
③ 주택의 토지와 건물 소유자가 다를 경우 해당 주택에 대한 세율을 적용할 때 해당 주택의 **토지와
건물의 가액을 합한** 과세표준에 세율을 적용한다.

④ **주택분** 재산세로 해당 연도에 부과할 세액이 **20만원 이하**인 경우에는 납기를 **7월 16일부터 7월 31일**까지로 하여 한꺼번에 부과·징수할 수 있다.
⑤ 지방자치단체의 장은 과세대상의 누락으로 이미 부과한 재산세액을 변경하여야 할 사유가 발생하여도 수시로 부과·징수할 수 있다.

12 다음 자료를 기초로 할 때 소득세법령상 국내 토지 A에 대한 양도소득세에 관한 설명으로 옳은 것은? (단, 甲, 乙, 丙은 모두 거주자임)

> • 甲은 2019.6.20. 토지 A를 3억원에 취득하였으며, 2021.5.15. 토지 A에 대한 자본적 지출로 5천만원을 지출하였다.
> • 乙은 2023.7.1. 직계존속인 甲으로부터 토지 A를 증여받아 2023.7.25. 소유권 이전등기를 마쳤다(토지 A의 증여 당시 시가는 6억원임).
> • 乙은 2025.10.20. 토지A를 甲 또는 乙과 특수 관계가 없는 丙에게 10억원에 양도하였다.
> • 토지 A는 법령상 협의매수 또는 수용된 적이 없으며, 소득세법 제97조의2 양도소득의 필요 경비 계산 특례(이월과세)를 적용하여 계산한 양도소득 결정세액이 이를 적용하지 않고 계산한 양도소득 결정세액보다 크다고 가정한다.

① 양도차익 계산시 양도가액에서 공제할 취득가액은 6억원이다.
② 양도차익 계산시 甲이 지출한 자본적 지출액 5천만원은 양도가액에서 공제할 수 없다.
③ 양도차익 계산시 乙이 납부하였거나 납부할 증여세 상당액이 있는 경우 양도차익을 한도로 필요경비에 산입한다.
④ 장기보유 특별공제액 계산 및 세율 적용시 보유기간은 乙의 취득일부터 양도일까지의 기간으로 한다.
⑤ 甲과 乙은 양도소득세에 대하여 연대납세의무를 진다.

정답 ③

해설
① 양도차익 계산시 양도가액에서 공제할 취득가액은 **3억원**이다.
② 양도차익 계산시 甲이 지출한 자본적 지출액 5천만원은 양도가액에서 공제할 수 **있다.**
④ 장기보유 특별공제액 계산 및 세율 적용시 보유기간은 **甲의** 취득일부터 양도일까지의 기간으로 한다.
⑤ 甲과 乙은 양도소득세에 대하여 연대납세의무가 **없다.**

13 소득세법령상 다음의 국내 자산 중 양도소득세 과세대상에 해당하는 것을 모두 고른 것은? (단, 비과세와 감면은 고려하지 않음)

> ㉠ 토지 및 건물과 함께 양도하는 「개발제한구역의 지정 및 관리에 관한 특별조치법」에 따른 이축권(해당 이축권 가액을 대통령령으로 정하는 방법에 따라 별도로 평가하여 신고하지 않음)
> ㉡ 조합원입주권
> ㉢ 지역권
> ㉣ 부동산매매계약을 체결한 자가 계약금만 지급한 상태에서 양도하는 권리

① ㉠, ㉢   ② ㉡, ㉣   ③ ㉠, ㉡, ㉣
④ ㉡, ㉢, ㉣   ⑤ ㉠, ㉡, ㉢, ㉣

정답 ③

해설
㉢ 지상권은 양도소득세 대상이지만 지역권은 양도소득세 대상에 해당하지 아니한다.

14 소득세법령상 거주자의 국내자산 양도에 대한 양도소득세에 관한 설명으로 옳은 것은?

① 부담부증여의 채무액에 해당하는 부분으로서 양도로 보는 경우에는 그 양도일이 속하는 달의 말일부터 2개월 이내에 양도소득세를 신고하여야 한다.
② 토지를 매매하는 거래당사자가 매매계약서의 거래가액을 실지거래가액과 다르게 적은 경우에는 해당 자산에 대하여 「소득세법」에 따른 양도소득세의 비과세에 관한 규정을 적용할 때, 비과세 받을 세액에서 '비과세에 관한 규정을 적용하지 아니하였을 경우의 양도소득 산출세액'과 '매매계약서의 거래가액과 실지거래가액과의 차액' 중 큰 금액을 뺀다.
③ 사업상의 형편으로 인하여 세대전원이 다른 시·군으로 주거를 이전하게 되어 6개월 거주한 주택을 양도하는 경우 보유기간 및 거주기간의 제한을 받지 아니하고 양도소득세가 비과세된다.
④ 토지의 양도로 발생한 양도차손은 동일한 과세기간에 전세권의 양도로 발생한 양도소득금액에서 공제할 수 있다.
⑤ 상속받은 주택과 상속개시 당시 보유한 일반주택을 국내에 각각 1개씩 소유한 1세대가 상속받은 주택을 양도하는 경우에는 국내에 1개의 주택을 소유하고 있는 것으로 보아 1세대 1주택 비과세 규정을 적용한다.

정답 ④

해설

① 부담부증여의 채무액에 해당하는 부분으로서 양도로 보는 경우에는 그 양도일이 속하는 달의 말일부터 **3개월** 이내에 양도소득세를 신고하여야 한다.

② 토지를 매매하는 거래당사자가 매매계약서의 거래가액을 실지거래가액과 다르게 적은 경우에는 해당 자산에 대하여 「소득세법」에 따른 양도소득세의 비과세에 관한 규정을 적용할 때, 비과세 받을 세액에서 '비과세에 관한 규정을 적용하지 아니하였을 경우의 양도소득 산출세액'과 '매매계약서의 거래가액과 실지거래가액과의 차액' 중 **적은** 금액을 뺀다.

③ **근무상의 형편**으로 인하여 세대전원이 다른 시·군으로 주거를 이전하게 되어 **1년 이상** 거주한 주택을 양도하는 경우 보유기간 및 거주기간의 제한을 받지 아니하고 양도소득세가 비과세된다.

⑤ 상속받은 주택과 상속개시 당시 보유한 일반주택을 국내에 각각 1개씩 소유한 1세대가 **일반 주택을 양도하는 경우**에는 국내에 1개의 주택을 소유하고 있는 것으로 보아 1세대 1주택 비과세 규정을 적용한다.

15 소득세법령상 거주자가 2025년에 양도한 국외자산의 양도소득세에 관한 설명으로 틀린 것은? (단, 거주자는 해당 국외자산 양도일까지 계속 5년 이상 국내에 주소를 두고 있으며, 국외 외화차입에 의한 취득은 없음)

① 국외 자산의 양도에 대한 양도소득이 있는 거주자는 양도소득 기본공제는 적용받을 수 있으나 장기보유 특별공제는 적용 받을 수 없다.

② 국외 부동산을 양도하여 발생한 양도차손은 동일한 과세기간에 국내 부동산을 양도하여 발생한 양도소득금액에서 통산할 수 있다.

③ 국외 양도자산이 부동산임차권인 경우 등기여부와 관계없이 양도소득세가 과세된다.

④ 국외자산의 양도가액은 그 자산의 양도 당시의 실지거래가액으로 한다. 다만, 양도 당시의 실지거래가액을 확인할 수 없는 경우에는 양도자산이 소재하는 국가의 양도 당시 현황을 반영한 시가에 따르되, 시가를 산정하기 어려울 때에는 그 자산의 종류, 규모, 거래상황 등을 고려하여 대통령령으로 정하는 방법에 따른다.

⑤ 국외 양도자산이 양도 당시 거주자가 소유한 유일한 주택으로서 보유기간이 2년 이상인 경우에도 1세대 1주택 비과세 규정을 적용받을 수 없다.

정답 ②

해설

② **국외 부동산**을 양도하여 발생한 양도차손과 **국내 부동산**을 양도하여 발생한 양도소득금액에서 **통산할 수 없다.**

16 다음 자료를 기초로 할 때 소득세법령상 거주자 甲이 확정신고시 신고할 건물과 토지 B 의 양도소득과세표준을 각각 계산하면? (단, 아래 자산 외의 양도자산은 없고, 양도소득 과세표준 예정신고는 모두 하지 않았으며, 감면소득금액은 없다고 가정함)

구 분	건물 (주택아님)	토지 A	토지 B
양도차익 (차손)	15,000,000원	(20,000,000원)	25,000,000원
양도일자	2025.3.10.	2025.5.20.	2025.6.25.
보유기간	1년 8개월	4년 3개월	3년 5개월

- 위 자산은 모두 국내에 있으며 등기됨
- 토지 A, 토지 B는 비사업용 토지 아님
- 장기보유 특별공제율은 6%로 가정함

	건 물	토지 B
①	0원	16,000,000원
②	0원	18,500,000원
③	11,600,000원	5,000,000원
④	12,500,000원	3,500,000원
⑤	12,500,000원	1,000,000원

정답 ④

해설

1. 건물의 과세표준
   양도차익(15,000,000원) − 장기보유특별공제(보유기간이 3년 미만으로 적용안함) − 양도소득기본 공제(2,500,000원) = 과세표준(12,500,000원)
2. 토지 A는 양도차손: 20,000,000원
3. 토지 B의 과세표준
   양도차익(25,000,000원) − 장기보유특별공제(25,000,000원 × 6% = 1,500,000원)
   = 양도소득금액(23,5000,000원) − 결손금통산(결손금 통산은 같은 세율을 적용하는 것부터 통산 하기 때문에 누진세율 적용대상인 토지를 통산한다. 토지 A의 양도차손 20,000,000원)
   = 3,500,000원 − 양도소득기본공제(먼저 양도한 자산에서 먼저 공제하기 때문에 건물의 과세표준 산정시 2,500,000원을 공제하였으므로 토지의 경우 기본공제를 적용하지 아니한다)
   따라서 토지 B의 과세표준은 3,500,000원이다.

제36회 공인중개사 시험대비 **전면개정판**

2025 박문각 공인중개사
이혁 기출문제 **2차** 부동산세법

초판인쇄 | 2024. 12. 25.　**초판발행** | 2024. 12. 30.　**편저** | 이혁 편저
발행인 | 박 용　**발행처** | (주)박문각출판　**등록** | 2015년 4월 29일 제2019-000137호
주소 | 06654 서울시 서초구 효령로 283 서경빌딩 4층　**팩스** | (02)584-2927
전화 | 교재 주문 (02)6466-7202, 동영상문의 (02)6466-7201

저자와의
협의하에
인지생략

정가 22,000원
ISBN 979-11-7262-474-3